Der zauberhafte Märchen-Adventskalender

DER ZAUBERHAFTE MÄRCHEN-ADVENTS-KALENDER

24

weihnachtliche Geschichten aus aller Welt

Ausgewählt von
Michael Büsgen

Anaconda

Penguin Random House Verlagsgruppe FSC® N001967

Die Deutsche Nationalbibliothek verzeichnet diese Publikation in der Deutschen Nationalbibliografie; detaillierte bibliografische Daten sind im Internet unter http://dnb.d-nb.de abrufbar.

© 2024 by Anaconda Verlag, einem Unternehmen der Penguin Random House Verlagsgruppe GmbH, Neumarkter Straße 28, 81673 München
Alle Rechte vorbehalten.
Umschlagmotiv: shutterstock.com / Mascha Tace (Hintergrund); Adobe Stock / a7880ss (Illustrationen Figuren); Adobe Stock / girafchik (Illustrationen Tiere)
Umschlaggestaltung: www.katjaholst.de
Satz und Layout: KCFG – Medienagentur, Neuss
Druck und Bindung: GGP Media GmbH, Pößneck
Printed in Germany
ISBN 978-3-7306-1442-6

www.anacondaverlag.de

Inhalt

1.
Dezember

Weihnachten
in der Speisekammer

Paula Dehmel

Unter der Türschwelle war ein kleines Loch. Dahinter saß die Maus Kiek und wartete.

Sie wartete, bis der Hausherr die Stiefel aus- und die Uhr aufgezogen hatte; sie wartete, bis die Mutter ihr Schlüsselkörbchen auf den Nachttisch gestellt und die schlafenden Kinder noch einmal zugedeckt hatte; sie wartete auch noch, als alles dunkel war und tiefe Stille im Hause herrschte. Dann ging sie.

Bald wurde es in der Speisekammer lebendig. Kiek hatte die ganze Mäusefamilie benachrichtigt. Da kam Miek die Mäusemutter mit den fünf Kleinen, und Onkel Grisegrau und Tante Fellchen stellten sich auch ein.

»Frauchen, hier ist etwas Weiches, Süßes«, sagte Kiek leise vom obersten Brett herunter zu Miek, »das ist etwas für die Kinder«, und er teilte von den Mohnpielen aus. »Komm hierher, Grisegrau«, piepste Fellchen, und guckte hinter der Mehltonne vor, »hier gibt's Gänsebraten, vorzüglich, sag ich dir, die reine Hafermast; wie Nuss knuspert sich's.« Grisegrau aber saß in der neuen Kiste in der Ecke, knabberte am Pfefferkuchen und ließ sich nicht stören. Die Mäusekinder balgten sich im Sandkasten und kriegten Mohnpielen. »Papa«, sagte das Größte, »meine Zähne sind schon scharf genug, ich möchte lieber knabbern, knabbern hört sich so hübsch an.« »Ja, ja, wir wollen auch lieber knabbern«, sagten alle Mäusekinder,

»Mohnpielen sind uns zu matschig«, und bald hörte man sie am Gänsebraten und am Pfefferkuchen. »Verderbt euch nicht den Magen«, rief Fellchen, die Angst hatte, selber nicht genug zu kriegen, »an einem verdorbenen Magen kann man sterben.« Die kleinen Mäuse sahen ihre Tante erschrocken an; sterben wollten sie ganz und gar nicht, das musste schrecklich sein. Vater Kiek beruhigte sie und erzählte ihnen von Gottlieb und Lenchen, die drinnen in ihren Betten lägen und ein hölzernes Pferdchen und eine Puppe im Arm hätten; und dass in der großen Stube ein mächtiger Baum stände mit Lichtern und buntem Flimmerstaat, und dass es in der ganzen Wohnung herrlich nach frischem Kuchen röche, der aber im Glasschrank stände, und an den man nicht herankönnte. »Ach«, sagte Fellchen, »erzähle nicht so viel, lass die Kinder lieber essen.« Die aber lachten die Tante mit dem dicken Bauch aus und wollten noch viel mehr wissen, mehr als der gute Kiek selbst wusste. Zuletzt bestanden sie darauf, auch einen Weihnachtsbaum zu haben, und die zärtlichen Mäuseeltern liefen wirklich in die Küche und zerrten einen Ast herbei, der von dem großen Tannenbaum abgeschnitten war. Das gab einen Hauptspaß. Die Mäusekinder quiekten vor Entzücken und fingen an, an dem grünen Tannenholz zu knabbern; das schmeckte aber abscheulich nach Terpentin, und sie ließen es sein und kletterten lieber in dem Ast umher. Schließlich machten sie die ganze Speisekammer zu ihrem Spielplatz. Sie huschten hierhin und dorthin, machten Männchen, lugten neugierig über die Bretter in alle Winkel hinein und spielten Versteck hinter den Gemüsebüchsen und Einmachetöpfen; was sollten sie auch mit dem dummen Weihnachtsbaum, an dem es nichts zu essen gab! Als aber das Kleinste ins Pflaumenmus gefallen war und von Mama Miek und Onkel Grisegrau abgeleckt werden musste, wurde ihnen das Umhertollen untersagt, und sie mussten wieder artig am Pfefferkuchen knabbern.

Am andern Morgen fand die alte Köchin kopfschüttelnd den Tannenast in der Speisekammer und viele Krümel und noch etwas, was nicht gerade in die Speisekammer gehört, ihr werdet euch schon denken können, was! Als Gottlieb und Lenchen in die Küche kamen, um der alten Marie Guten Morgen zu wünschen, zeigte sie ihnen die Bescherung und meinte: »Die haben auch tüchtig Weihnachten gefeiert.« Die Kinder aber tuschelten und lachten und holten einen Blumentopf. Sie pflanzten den Ast hinein und bekränzten ihn mit Zuckerwerk, aufgeknackten Nüssen, Honigkuchen und Speckstückchen. Die alte Marie brummte; da aber die Mutter lachend zuguckte, musste sie schon klein beigeben. Sie stellte alles andre sicher und ließ den kleinen Naschtieren nur ihren Weihnachtsbaum.

Die Kinder aber jubelten, als sie am zweiten Feiertag den Mäusebaum geplündert vorfanden, und hätten gar zu gern auch ein Dankeschön von dem kleinen Volke gehört.

Das aber lag unter der Diele und verdaute. »Den guten Speck vergess ich mein Leblang nicht«, sagte Fellchen, und Grisegrau biss eine mitgebrachte Haselnuss entzwei; Kiek und Miek aber waren besorgt um ihre Kleinen, die hatten zu viel Pfefferkuchen gegessen, und ihr wisst, liebe Kinder, das tut nicht gut!

2.
Dezember

Hänsel und Gretel

Ludwig Bechstein

Es war einmal ein armer Holzhauer, der lebte mit seiner Frau und zwei Kindern in einer dürftigen Waldhütte. Die Kinder hießen Hänsel und Gretel, und wie sie so heranwuchsen, gebrach es immer mehr den armen Leuten an Brot. Auch wurde die Zeit immer schwerer und alle Nahrung teurer, das machte den beiden Eltern große Sorge. Eines Abends, als sie ihr hartes Lager gesucht hatten, seufzte der Mann: »Ach Frau, wie wollen wir nur die Kinder durchbringen, da der Winter herankommt und wir für uns selbst nichts haben!« Und da erwiderte die Mutter: »Keinen andern Rat weiß ich, als dass du sie in den Wald führst je eher je lieber, gibst jedem noch ein Stücklein Brot, machst ihnen ein Feuer an, befiehlst sie dem lieben Gott, und gehst hinweg.«

»Oh, lieber Gott! Wie soll ich das vollbringen an meinen eigenen Kindern, Frau?«, fragte der Holzhauer bekümmert. »Nun wohl, so lass es bleiben!«, fuhr die Frau böse heraus. »So kannst du eine Totenlade für uns alle viere zimmern, und die Kinder hungers sterben sehen!« Die zwei Kinder, welche der Hunger in ihrem Moosbettchen noch wach erhielt, hörten mit an, was die Mutter und der Vater miteinander sprachen, und das Schwesterlein begann zu weinen, Hänsel aber tröstete es und sprach: »Weine nicht, Gretel, ich helfe uns schon«; wartete, bis die Alten schliefen, wischte aus der Hütte, suchte im Mondschein weiße Steinchen, verbarg sie wohl und schlich wieder herein, worauf er und das Schwesterlein bald entschlummerten.

Am Morgen geschah nun, was die Eltern vorher besprochen. Die Mutter reichte jedem Kind ein Stück Brot und sagte: »Das ist für heute alles; haltet's zu Rate.« Gretel trug das Brot, Hänsel trug heimlich seine Steinchen, der Vater hatte seine Holzaxt im Arm, die Mutter schloss das Haus zu und folgte mit einem Wasserkruge nach. Hänsel machte sich hinter die Mutter, sodass er der Letzte war auf dem Wege, guckte oft zurück nach dem Häuschen, und wie er es nicht sah, ließ er gleich ein weißes Steinchen fallen, und nach ein paar Schritten wieder eins, und so immer fort.

Nun waren alle mitten in dem tiefen Walde, und da machte der Vater ein Feuer an, wozu die Kinder des Reisigs viel herbeitrugen, und die Mutter sagte zu den Kindern: »Ihr seid wohl müde, jetzt legt euch an das Feuer und schlaft, indes wir Holz fällen, nachher kommen wir wieder und holen euch ab.«

Die Kinder schlummerten ein wenig, und als sie erwachten, stand die Sonne hoch im Mittag, das Feuer war abgebrannt, und da Hänsel und Gretel Hunger hatten, verzehrten sie ihr Stücklein Brot. Wer nicht kam, das waren die Eltern. Und nachher sind die Kinder wieder eingeschlafen, bis es dunkel wurde, da waren sie noch immer allein, und Gretel fing an zu weinen und sich zu fürchten. Hänsel tröstete sie aber und sagte: »Fürchte dich nicht, Schwester, der liebe Gott ist ja bei uns, und bald geht der Mond auf, da gehen wir heim.«

Und wirklich ging bald darauf der Mond in voller Pracht auf und leuchtete den Kindern auf den Heimweg und beglänzte die silberweißen Kieselsteine. Hänsel fasste Gretel bei der Hand und so gingen die Kinder miteinander fort ohne Furcht und ohne Unfall, und wie der frühe Morgen graute, da sahen sie des Vaters Dach durch die Büsche schimmern, kamen an das Waldhäuslein und klopften an. Wie die Mutter die Tür öffnete, erschrak sie ordentlich, als sie die Kinder sah, wusste nicht, ob sie schelten oder sich freuen sollte, der Vater aber freute sich, und so wurden die beiden Kinder wieder mit Gottwillkommen in das Häuslein eingelassen.

Es währte aber gar nicht lang, so wurde die Sorge aufs Neue laut und jenes Gespräch und der Beschluss, die Kinder in den Wald zu führen und sie dort allein und in des Himmels Fürsorge zu lassen, wiederholten sich. Wieder hörten die Kinder das traurige Gespräch mit an, bekümmerten Herzens, und der kluge Hänsel machte sich vom Lager auf, wollte wieder blanke Steine suchen, aber da war die Türe des Waldhäusleins fest verschlossen, denn die Mutter hatte es gemerkt und darum die Türe zugemacht. Doch tröstete Hänsel abermals das weinende Schwesterlein und sagte: »Weine nicht, lieb Gretel, der liebe Gott weiß alle Wege, wird uns schon den rechten führen.«

Am andern Morgen in der Frühe mussten alle aufstehen, wieder in den Wald zu wandern, und da empfingen die Kinder wieder Brot, noch kleinere Stücklein wie zuvor, und der Weg ging noch tiefer in den Wald hinein; Hänslein aber zerbröckelte heimlich sein Brot in der Tasche, und streute, statt jener Steine, Krümlein auf den Weg, meinte, danach sich mit dem Schwesterchen wohl zurückzufinden. Und nun geschah alles wie zuvor auch; ein großes Feuer wurde entzündet, und die Kinder mussten wieder schlafen, und wie sie aufwachten, waren sie allein, und die Eltern kamen nimmer wieder. Und der Mittag kam, und Gretel teilte ihr Stückchen Brot mit Hänsel, weil der seines verstreut in lauter Bröselein auf dem Weg, und dann schliefen sie wieder ein und erwachten abends verlassen und einsam. Gretel weinte, Hänsel aber war gottgetrost, meinte den Weg durch die Brotbröselein wohl zu finden, wartete, bis der Mond aufgegangen war, nahm dann die Gretel bei der Hand und sprach zu ihr: »Komm, Schwester, nun gehen wir heim.« Aber wie Hänsel die Krümlein suchte, war ihrer keines mehr da, denn die Waldvögelein hatten alle, alle aufgepickt und sie sich wohl schmecken lassen. Und da wanderten die Kinder die ganze Nacht durch den Wald, kamen bald vom Wege ab, verirrten sich und waren sehr traurig. Endlich schliefen sie ein auf weichem Moos, und erwachten hungrig, wie der Morgen graute, denn sie hatten keinen Bissen Brot mehr, und mussten ihren Durst und Hunger nur mit den schönen Waldbeeren stillen, die da und dort standen. Und wie sie so im Walde herumirrten, ohne Weg und Steg zu finden, siehe, da kam ein schneeweißes Vöglein geflogen, das flog immer vor ihnen her, als wenn es den Kindern den Weg zeigen wollte, und sie gingen dem Vöglein fröhlich nach. Mit einem Male sahen sie ein kleines Häuschen, auf dessen Dach das Vöglein flog; es pickte darauf, und wie die Kinder ganz nahe daran waren, konnten sie sich nicht genug freuen und wundern, denn das Häuschen bestand aus Brot, davon waren die Wände, das Dach war mit Eierkuchen gedeckt, und die Fenster waren von durchsichtigen Kandiszuckertafeln. Das war den Kindern recht, sie aßen vom Häusleindach und von einer zerbrochenen Fensterscheibe. Da ließ sich plötzlich drinnen eine Stimme vernehmen, die rief:

>»Knusper, knusper, kneischen!
Wer knuspert mir am Häuschen?«*

Darauf antworteten die Kinder:

>»Der Wind, der Wind,
Das himmlische Kind!«*,

und aßen weiter, denn sie waren sehr hungrig gewesen, und schmeckte ihnen ganz vortrefflich.

Da ging die Tür des Häusleins auf und trat ein steinaltes, krummgebücktes, triefäugiges Mütterlein heraus von nicht geringer Hässlichkeit, Gesicht und Stirne voll Runzeln und inmitten eine große, große Nase. Hatte auch grasgrüne Augen. Die Kinder erschraken nicht wenig, die Alte aber tat ganz freundlich und sagte: »Ei, traute Kindlein, kommt doch herein ins Häuschen, kommt doch herein! Da gibt's noch viel bessern Kuchen!« Die Kinder folgten der Alten gerne, und drinnen trug die Alte auch auf, dass es eine Lust war. Da gab es Herz was magst du? Biskuit und Marzipan, Zucker und Milch, Äpfel und Nüsse, und köstlichen Kuchen. Und während die Kinder immerfort aßen und fröhlich waren, richtete die Alte zwei Bettchen zu von feinen Dunenkissen und lilienweißen Linnen, da hinein brachte sie die Kinder zur Ruhe, die meinten im Himmel zu sein, beteten einen frommen Abendsegen und entschliefen alsbald.

Es hatte aber mit der Alten ein gar schlimmes Bewenden. Sie war eine böse und garstige Hexe, welche die Kinder fraß, die sie durch ihr Brot und Kuchenhäuslein anlockte, nachdem sie sie erst recht fett gefüttert. Dies hatte sie auch mit Hänsel und Gretel im Sinne. In aller Frühe stand die Alte schon vor dem Bette der noch süß schlafenden Kinder, freute sich über ihren Fang, riss Hänsel aus dem Bette und trug ihn nach dem eng vergitterten Gänsestall, verstopfte ihm auch, damit er nicht schreie, den Mund. Dann weckte sie die arme Gretel mit Heftigkeit und schrie sie mit rauer Stimme an: »Steh auf, faule Dirne! Dein Bruder steckt im Stall, wir müssen ihm ein gutes Essen kochen, auf dass er fett wird und für mich einen guten Braten gibt!«

Da erschrak die Gretel zum Tode, weinte und schrie, half aber nichts, sie musste gehorchen und aufstehn, Essen kochen helfen, und durfte es selbst nach dem Stalle tragen, und mit ihrem eingesperrten Bruder weinen. Sie selbst ward von der Hexe gar gering gehalten. Das dauerte so eine Zeit, während welcher die Alte öfters nach dem Stalle schlich und Hänsel befahl, einen Finger durch das Gitter zu stecken, damit sie fühle, ob er fett werde. Hänsel aber steckte immer ein dürres Knöchelchen heraus, und sie verwunderte sich, dass der Junge trotz des guten Essens so mager blieb. Endlich war sie das müde und sprach zur Gretel: »Kurz und gut, heute wird er gebraten«, und machte ein mächtiges Feuer in den Backofen, der neben dem Häuschen stand, da schob sie hernach Brot hinein, damit sie Frischbackenes zum Braten habe. Das Gretel wusste seines Herzens keinen Rat, und endlich hieß ihm die alte Hexe sich auf die Schiebeschaufel zu setzen und in den Backofen zu lugen, die Alte wollte sie nur ein bissel in den Ofen schieben, damit die Gretel sehe, ob das Brot braun sei, eigentlich aber wollte sie das arme Mägdlein gleich zuerst darin braten.

Da kam aber das schneeweiße Vögelein geflogen und sang: »Hüt dich, hüt dich, sieh dich für!« Und da gingen der Gretel die Augen auf, dass sie der Alten böse List durchschaute und sagte: »Zeiget mir's zuvor, wie ich's machen muss, dann will ich's tun.« Gleich setzte sich die Alte auf das Ofenbrett, und die Gretel schob am Stiel, und schob sie so weit in den Backofen, als der Stiel lang war, und dann klapp, schlug sie das eiserne Türlein vor dem Ofen zu, schob den Riegel vor, und da der Ofen noch erstaunlich heiß war, musste die alte Hexe drinnen brickeln und braten und elendiglich umkommen zum

Lohn ihrer Übeltaten. Gretel aber lief zum Hänsel, ließ den aus dem Gänsestall, und der kam heraus und fiel vor Freude dem treuen Schwesterchen um den Hals, küssten sich und weinten vor Freude und dankten Gott.

Und da war das weiße Vöglein wieder da, und auch viele, viele andre Waldvöglein, die flogen auf das Kuchendach des Häusleins, darauf war ein Nest, und daraus nahm jedes Vöglein ein buntes Steinchen oder eine Perle, und trugen sie hin zu den Kindern, und Gretel hielt sein Schürzchen auf, dass es alle die vielen Steinchen fasse. Das schneeweiße Vöglein sang:

»Perlen und Edelstein,
Für die Brotbröselein.«

Da merkten die Kinder, dass die Vöglein dankbar dafür waren, dass Hänsel Brotkrumen auf den Weg gestreut hatte, und nun flog das weiße Vöglein wieder vor ihnen her, dass es ihnen den Weg aus dem Walde zeige. Bald kamen sie an ein mächtiges Wasser, da standen sie ratlos und konnten nicht weiter und nicht darüber. Plötzlich aber kam ein großer schöner Schwan geschwommen, dem riefen die Kinder zu: »Oh, schöner Schwan, sei unser Kahn!« Und der Schwan neigte seinen Kopf und ruderte zum Ufer, und trug die Kinder, eines nach dem andern, hinüber ans andre Ufer. Das weiße Vöglein aber war schon hinübergeflattert, und flog immer vor den Kindern her, bis sie endlich aus dem Walde kamen, wieder an der Eltern kleines Haus.

Der alte Holzhauer und seine Frau saßen traurig und still in dem engen Stüblein und hatten großen Kummer um die Kinder, bereuten auch viele tausendmal, dass sie dieselben fortgelassen, und seufzten: »Ach, wenn doch der Hänsel und die Gretel nur noch ein allereinziges Mal wiederkämen, ach, da wollten wir sie nimmermehr wieder allein im Walde lassen« – da ging gerade die Türe auf, ohne dass erst angeklopft worden wäre, und Hänsel und Gretel traten leibhaftig herein! Das war eine Freude! Und als nun vollends erst die kostbaren Perlen und Edelsteine zum Vorschein kamen, welche die Kinder mitbrachten, da war Freude in allen Ecken, und alle Not und Sorge hatte fortan ein Ende.

3.
Dezember

Weihnachtsmärchen vom Tannenbäumchen Waldgrüne

Heinrich Pröhle

Das Weihnachtsfest war nahe herangekommen, und aus dem Walde gingen viele Tannen in die Hauptstadt des Landes, bei dem schlechten Wege immer durch dick und dünn. Wenn jemand sie fragte: »Wo wollt ihr Tannen denn hin?«, so antworteten sie: »Wir wollen in die Stadt und den Herrn Christ loben.«

Ein ganz kleines Tannenbäumchen, das im Walde neben seiner Mutter stand, lief immer hinter seiner Mutter her, als diese sich auch zur Hauptstadt aufmachte, und folgte ihr immer nach wie ein Füllen der Stute oder ein junges Rehkalb der Hindin.

Als die Tannen des Abends im Dunkeln in der Hauptstadt angekommen waren, lagerten sie sich alle unter die Fenster des alten steinernen Schlosses, das sie von einer Seite her vor Wind und Wetter schützen sollte, und es war schön anzusehen, wie die vielen grünen Tannen da beieinanderlagen. Das kleine Tannenbäumchen aber, das sich neben seine Mutter gelegt hatte, fror gar sehr. Da kam der Wind und legte den Saum seines schneeweißen Mantels erst zu den Füßen der Tannen hin und breitete ihn dann ganz über sie aus.

Am andern Morgen aber kam ein Sonnenblick und deckte den schneeweißen Mantel wieder ab. Da rieb sich das kleine Tannenbäumchen vergnügt die Augen und sah verwundert die große, schöne Stadt. Aber bald wurde seine Freude getrübt, denn es kam ein Herr, der hieß sein Mütterlein mitgehen in sein Haus, das kleine Tannenbäumchen aber musste zurückbleiben, denn es war zum Weihnachtsbaume noch viel zu jung und zu klein.

Als nun der Weihnachtsmorgen kam, da ging das kleine Tannenbäumchen ganz einsam in den nassen Straßen der Hauptstadt umher und weinte. Da sah es aber sein Mütterlein in einem großen, schönen Saale stehen. Es hatte viele Lichter in der Hand, die glänzten gar herrlich, und das Mütterlein war anzusehen wie ein schöner Engel. Da freute sich das kleine Tannenbäumchen sehr und ging getrost weiter. Es stand aber in einem Hause eine kleine Puppe am Fenster, wie es eben Tag wurde. Die winkte dem kleinen Tannenbäumchen, dass es zu ihr heraufkäme, und fragte: »Wie heißt du, kleine Tanne?«

»Ich heiße Waldgrüne«, antwortete das Tannenbäumchen. »Und wie heißt du?«

»Ich heiße Kindchen-küss-mich«, antwortete die Puppe.

Da wurden die Puppe und das Tannenbäumchen gute Freunde und blieben lange, lange Zeit beisammen.

Die kleine Tanne aber wuchs sehr schnell heran, da sagte Kindchen-küss-mich endlich zu ihr: »Du bist so ein lang aufgeschossenes Ding geworden, dass ich mich schäme, noch mit dir über die Straße zu gehen; auch ist dir dein Röckchen aus grünen Zweigen viel zu kurz, es reicht dir ja noch lange nicht einmal bis ans Knie, so sehr hast du es verwachsen! Mir wäre das zwar einerlei, aber den Menschen fällt es doch sehr auf. Deswegen wäre das Beste, du gingest wieder zurück in den Wald.«

Da ging die Tanne wieder in den Wald. Dort aber war ihr Röcklein nicht zu kurz, sondern es war große Freude bei den andern Tannen, dass Waldgrüne wieder zugegen war.

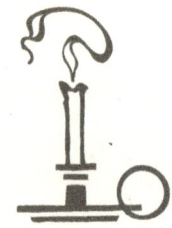

4.
Dezember

Der glückliche Prinz

Oscar Wilde

Hoch über der Stadt stand auf einer hohen Säule die Statue des glücklichen Prinzen. Sie war über und über mit dünnen Blättchen von feinem Gold vergoldet, zwei glänzende Saphire hatte sie als Augen, und ein großer, roter Rubin glühte am Schwertknauf.

Er wurde wirklich viel bewundert.

»Er ist so schön wie ein Wetterhahn«, bemerkte einer der Stadträte, dem viel daran lag, als Kenner in Kunstdingen zu gelten. »Wenn auch nicht ganz so nützlich«, fügte er hinzu, aus Furcht, man könnte ihn für unpraktisch halten, was er wirklich und wahrhaftig nicht war.

»Warum nimmst du dir kein Beispiel an dem glücklichen Prinzen?«, fragte eine verständige Mutter ihren kleinen Buben, der weinte, weil er den Mond nicht haben konnte. »Dem glücklichen Prinzen fällt es nicht ein, zu weinen, wenn er etwas nicht kriegen kann.«

»Ich bin froh, dass es jemanden in der Welt gibt, der ganz glücklich ist«, murmelte ein enttäuschter Mann, der die wundervolle Bildsäule betrachtete.

»Er sieht just aus wie ein Engel«, sagten die Waisenkinder, die in ihren hellroten Mänteln und den reinlichen weißen Schürzen aus der Kathedrale kamen.

»Woher wisst ihr das«, sagte der Mathematikprofessor. »Da ihr nie einen Engel gesehen habt?«

»O doch, in unseren Träumen«, antworteten die Kinder; und der Mathematikprofessor runzelte die Stirn und blickte sehr finster drein, denn er hatte es nicht gern, wenn Kinder träumten.

Eines Nachts flog ein kleiner Schwälberich über die Stadt. Seine Freunde waren schon vor sechs Wochen nach Ägypten gezogen, aber er blieb zurück, denn er liebte das wunderschönste Rohr im Schilfe. Zeitig im Frühjahr hatte er es erblickt, als er den Fluss hinunterflog, hinter einer dicken, gelben Motte her, und die schlanke Taille des Rohrs hatte ihm so gefallen, dass er stehen blieb, um mit ihm zu plaudern.

»Soll ich dich lieben?«, sagte der Schwälberich, der gerne geradeswegs auf sein Ziel losging, und das Rohr machte ihm eine tiefe Verbeugung. So flog er rund um das Rohr herum und berührte das Wasser mit seinen Flügeln und zeichnete silberne Kreise hinein. So machte er ihm den Hof, und das dauerte den ganzen Sommer hindurch.

»Es ist ein lächerliches Verhältnis!«, zwitscherten die anderen Schwalben. »Das Rohr hat kein Geld und viel zu viel Verwandtschaft.«

Und in der Tat war der ganze Fluss voll Schilf. Und als dann der Herbst kam, flogen alle Schwalben davon.

Als sie fortgeflogen waren, fühlte sich das Schwälbchen sehr einsam und begann seinen Minnedienst etwas langweilig zu finden. »Es plaudert sich schlecht mit ihm, und ich fürchte sehr, dass es kokett ist, denn es flirtet immer mit dem Wind.« Tatsache war, dass das Rohr, sooft der Wind blies, die graziösesten Verbeugungen machte. »Ich gebe zu, dass es häuslich ist«, fuhr das Schwälbchen fort. »Aber ich liebe das Reisen, und mein Weib muss also auch das Reisen ebenfalls gern haben.«

»Willst du mit mir kommen?«, sagte das Schwälbchen endlich zu ihm; aber das Rohr schüttelte den Kopf, denn es hing zu sehr an seiner Heimat.

»Du hast deinen Scherz mit mir getrieben«, schrie das Schwälbchen. »Ich reise zu den Pyramiden. Leb wohl!« Und das Schwälbchen flog fort.

Den ganzen Tag flog es, und als die Nacht hereinbrach, kam es zur Stadt. »Wo soll ich absteigen?«, sagte es. »Ich hoffe, die Stadt hat Empfangsvorbereitungen getroffen!«

Dann sah das Schwälbchen die Statue auf der hohen Säule.

»Hier will ich absteigen!«, rief es aus. »Das ist ein schönes Plätzchen, und frische Luft gibt es hier genug.« Und es ließ sich nieder, gerade zwischen den Füßen des glücklichen Prinzen.

»Ich habe ein goldenes Schlafzimmer«, sagte das Schwälbchen leise zu sich selbst, wie es sich umsah, und es bereitete sich zum Schlafen vor. Aber gerade als es seinen Kopf unter die Flügel stecken wollte, fiel ein schwerer Wassertropfen nieder. »Wie seltsam!«, rief das Schwälbchen aus. »Am Himmel steht keine einzige Wolke, die Sterne sind ganz hell und klar, und doch regnet es. Das Klima im nördlichen Europa ist wirklich schrecklich. Das Rohr liebte ja den Regen, aber das war nichts als Egoismus.«

Ein zweiter Tropfen fiel.

»Zu was ist die Bildsäule denn nütze, wenn sie nicht den Regen abhalten kann«, sagte es. »Ich schaue mich lieber nach einem guten Schornstein um!« Und das Schwälbchen beschloss, fortzufliegen.

Aber bevor es seine Flügel geöffnet hatte, fiel ein dritter Tropfen, und es blickte empor und sah – ach, was sah es?

Die Augen des glücklichen Prinzen waren voller Tränen, und die Tränen rollten nieder an den goldenen Wangen. Und sein Gesicht war so schön im Mondlicht, dass das Schwälbchen tiefes Mitleid empfand.

»Wer bist du?«, fragte es.

»Ich bin der glückliche Prinz.«

»Warum weinst du dann?«, fragte das Schwälbchen. »Ich bin schon ganz durchnässt.«

»Als ich noch lebte und ein menschliches Herz besaß«, antwortete die Statue, »wusste ich nicht, was Tränen sind, denn ich lebte im Palast Sanssouci, dessen Schwelle die Sorge nicht betreten darf. Tagsüber spielte ich mit meinen Gefährten im Garten, und am Abend führte ich den Tanz an in der großen Halle. Rings um den Garten lief eine sehr hohe Mauer, aber ich kümmerte mich nicht darum, was hinter der Mauer lag, denn alles um mich her war eitel Schönheit. Meine Hofleute nannten mich den glücklichen Prinzen, und ich war wirklich glücklich, wenn Vergnügen Glück bedeutet. So lebte ich, und so starb ich. Und nun, da ich gestorben bin, haben sie mich hier so hoch hinaufgestellt, dass ich alle Hässlichkeit und all das Elend meiner Stadt sehen kann, und obzwar mein Herz aus Blei ist, kann ich nichts anderes tun als weinen.«

»Schau, er ist nicht durch und durch aus Gold«, sprach das Schwälbchen zu sich selbst. Aber es war doch zu höflich, um laut irgendeine persönliche Bemerkung zu machen.

»Weit von hier«, fuhr die Bildsäule mit einer tiefen, klangvollen Stimme fort, »weit von hier steht ein armes Häuschen in einer kleinen Straße. Eines der Fenster ist offen, und ich kann eine Frau sehen, die an einem Tisch sitzt. Ihr Gesicht ist schmal und verhärmt, und sie hat raue, rote Hände, ganz zerstochen von der Nadel, denn sie ist eine Näherin. Sie stickt für die lieblichste von den Ehrendamen der Königin Passionsblumen auf ein Seidengewand, das sie auf dem nächsten Hofball tragen soll. In einem Bett in einer Ecke des Zimmers liegt ihr kleiner Bub krank. Ihn schüttelt das Fieber, und er möchte Apfelsinen haben. Seine Mutter aber kann ihm nichts geben als Wasser aus dem Fluss, und so weint er. Schwälbchen, Schwälbchen, kleines Schwälbchen, willst du ihr den Rubin aus meinem Schwertgriff bringen? Meine Füße sind auf dem Piedestal festgemacht, und ich kann mich nicht bewegen.«

»Man erwartet mich in Ägypten«, sagte das Schwälbchen. »Meine Freunde fliegen den Nil auf und ab und sprechen mit den großen Lotosblumen. Bald werden sie schlafen gehen im Grab des großen Königs. Der König liegt selbst dort in einer gemalten Truhe. Er ist in gelbes Linnen gehüllt und einbalsamiert mit Spezereien. Um seinen Hals liegt eine Kette von blassem, grünem Nephrit, und seine Hände gleichen welken Blättern.«

»Schwälbchen, Schwälbchen, kleines Schwälbchen«, sagte der Prinz. »Willst du nicht eine Nacht für mich verweilen und mein Bote sein? Der Knabe hat so großen Durst, und die Mutter ist so traurig.«

»Weißt du, ich liebe Buben nicht«, antwortete das Schwälbchen. »Als ich im letzten Sommer am Fluss wohnte, waren zwei rohe Buben dort, die Söhne des Müllers, und die warfen immer Steine nach mir. Natürlich trafen sie mich nicht. Wir Schwalben fliegen viel zu schnell, und überdies stamme ich aus einer Familie, die wegen ihrer Flinkheit berühmt ist. Trotzdem war es ein Zeichen mangelnden Respekts.«

Aber der glückliche Prinz blickte so traurig drein, dass das Schwälbchen betrübt wurde. »Es ist zwar kalt hier«, sagte es. »Aber ich will eine Nacht für dich verweilen und dein Bote sein.«

»Ich danke dir, kleine Schwalbe«, sagte der Prinz.

Und die Schwalbe pickte den großen Rubin aus dem Schwert des Prinzen und nahm den Stein in ihren Schnabel und flog damit über die Dächer der Stadt.

Sie flog am Turm der Kathedrale vorbei, wo die weißen Marmorengel stehen, sie flog vorbei am Palast und hörte Tanz und Musik. Ein schönes Mädchen kam mit dem Geliebten auf den Balkon heraus. »Wie wundervoll die Sterne sind«, sagte er zu ihr. »Und wie wundervoll die Macht der Liebe ist!«

»Ich hoffe, mein Kleid wird für den Hofball rechtzeitig

fertig sein«, antwortete sie. »Ich habe Passionsblumen hineinsticken lassen, aber die Schneiderinnen sind so faul.«

Sie flog über den Fluss und sah die Laternen an den Masten der Schiffe hängen. Sie flog über das Getto und sah die alten Juden miteinander handeln und sah, wie sie Geld in kupfernen Schalen wogen. Dann kam sie zu dem armen Häuschen und schaute hinein. Der Knabe hustete fieberisch in seinem Bett, und die Mutter war vor Müdigkeit eingeschlafen. Sie hüpfte ins Zimmer und legte den großen Rubin auf den Tisch just neben den Fingerhut der Frau. Dann flog sie mit leichtem Flügelschlag um das Bett herum, und ihre Flügel fächelten die Stirne des Knaben. »Ach, die Kühle«, sagte das Kind. »Jetzt wird mir gewiss besser.« Und der Knabe sank in einen erquickenden Schlaf.

Dann flog das Schwälbchen zurück zum glücklichen Prinzen und erzählte ihm, was es getan hatte. »Es ist seltsam«, fügte es hinzu. »Aber nun ist mir ganz warm, obwohl es so kalt ist.«

»Das kommt daher, weil du eine gute Tat getan hast«, sagte der Prinz. Und das kleine Schwälbchen begann nachzudenken, und dann schlief es ein. Denken machte es immer schläfrig.

Als der Tag anbrach, flog es zum Fluss und nahm ein Bad. »Welch ein seltsames Phänomen«, sagte der Professor der Ornithologie, der gerade über die Brücke ging. »Eine Schwalbe im Winter!« Und er schrieb darüber einen langen Bericht an das Lokalblatt. Jedermann sprach davon, aber der Bericht war so voll Gelehrsamkeit, dass niemand ihn recht verstand.

»Heute Nacht gehe ich nach Ägypten«, sagte das Schwälbchen, und es war höchst vergnügt bei dieser Aussicht. Es besuchte alle öffentlichen Monumente und saß lange Zeit auf der Spitze des Kirchturms. Wohin es kam, zwitscherten die Sperlinge und sagten zueinander: »Welch ein vornehmer Fremdling!« Das freute das Schwälbchen sehr.

Als der Mond aufging, flog es zurück zum glücklichen Prinzen. »Hast du was zu bestellen in Ägypten?«, rief es ihm zu. »Ich reise jetzt!«

»Schwälbchen, Schwälbchen, kleines Schwälbchen«, sagte der Prinz. »Willst du nicht noch eine Nacht bei mir bleiben?«

»Man erwartet mich in Ägypten«, antwortete das Schwälbchen. »Morgen werden meine Freunde bis zum zweiten Katarakt fliegen. Dort liegt das Nilpferd im hohen Ried, und auf einem großen granitnen Thron sitzt der Gott Memnon. Die ganze Nacht blickt er zu den Sternen, und wenn der Morgenstern erscheint, stößt er einen Freudenschrei aus, und dann ist er stumm. Und zu Mittag kommen die gelben Löwen ans Wasser. Sie haben Augen wie grüne Berylle, und ihr Brüllen ist lauter als das Brüllen des Katarakts.«

»Schwälbchen, Schwälbchen, kleines Schwälbchen«, sagte der Prinz. »Weit, weit am andern Ende der Stadt sehe ich einen jungen Mann in einer Dachstube. Er sitzt an einem Schreibtisch, der über und über mit Papieren bedeckt ist, und in einem Glas neben ihm steckt ein Strauß verwelkter Veilchen. Sein Haar ist braun und lockig, und seine Lippen sind rot wie ein Granatapfel, und er hat große, verträumte Augen. Er versucht, an einem Stück für den Theaterdirektor zu arbeiten, aber er kann vor Kälte nicht mehr schreiben. Im Kamin ist kein Feuer, und der Hunger hat ihn schwach gemacht.«

»Ich will noch eine Nacht für dich verweilen«, sagte das Schwälbchen, das wirklich ein gutes Herz hatte. »Soll ich ihm auch einen Rubin bringen?«

»Ach, ich habe keinen Rubin mehr«, sagte der Prinz, »meine Augen sind alles, was ich noch habe. Sie sind aus kostbaren Saphiren gemacht, die man vor vielen Tausend Jahren aus Indien gebracht hat. Picke eines meiner Augen aus und bringe es ihm. Er wird es zu einem Juwelier tragen und sich Nahrung und Holz dafür kaufen und sein Stück vollenden.«

»Teurer Prinz«, sagte das Schwälbchen. »Das kann ich nicht tun!« Und es begann zu weinen.

»Schwälbchen, Schwälbchen, kleines Schwälbchen«, sagte der Prinz. »Tu, wie ich dir befehle.«

Da pickte das Schwälbchen dem Prinzen das Auge aus und flog damit zur Dachkammer des Studenten. Es war leicht, hineinzukommen, denn im Dache war ein Loch. Durch dieses Loch schoss es herein und kam so ins Zimmer. Der junge Mann hatte seinen Kopf in den Händen vergraben, und so hörte er nicht das Flattern der Flügel, und als er aufsah, fand er den schönen Saphir auf den verwelkten Veilchen.

»Man beginnt mich zu schätzen«, rief er aus. »Dieser Stein kommt von irgendeinem meiner Bewunderer. Nun kann ich mein Stück vollenden!« Und er blickte ganz glücklich drein.

Am nächsten Tage flog das Schwälbchen zum Hafen hinunter, setzte sich auf den Mast eines großen Schiffes und sah zu, wie die Matrosen große Kisten an Seilen aus dem Schiffsraum hervorholten. »Ahoi!«, schrien sie, sooft eine Kiste hervorkam. »Ich reise nach Ägypten«, rief das Schwälbchen, aber niemand kümmerte sich darum, und als der Mond aufging, flog es zurück zu dem glücklichen Prinzen.

»Ich komme, um dir Lebewohl zu sagen«, rief es ihm zu.

»Schwälbchen, Schwälbchen, kleines Schwälbchen, willst du nicht noch eine Nacht bei mir bleiben?«

»Es ist Winter«, antwortete das Schwälbchen. »Und der kalte Schnee wird bald da sein. In Ägypten ist die Sonne warm, und die Palmbäume sind grün, und die Krokodile liegen im Schlamm und blicken faul um sich. Meine Genossen bauen sich ein Nest im Tempel von Baalbek, und rote und weiße Tauben schauen zu und gurren. Mein teurer Prinz, ich muss dich verlassen, aber ich werde dich nie vergessen, und im nächsten Frühjahr bringe ich dir zwei schöne Juwelen mit anstelle derer, die du weggegeben hast. Der Rubin wird röter sein als eine rote Rose, und der Saphir wird so blau sein wie das weite Meer.«

»Unten auf dem Platz«, sagte der glückliche Prinz,

»steht ein kleines Zündholzmädchen. Sie hat ihre Zündhölzchen in die Gosse fallen lassen, und nun sind sie alle hin. Ihr Vater wird sie schlagen, wenn sie kein Geld nach Hause bringt, und sie weint. Sie hat nicht Schuhe noch Strümpfe, und ihr kleiner Kopf ist bloß. Picke mein anderes Auge aus, und gib es ihr, und ihr Vater wird sie nicht schlagen.«

»Ich will für dich noch eine Nacht verweilen«, sagte das Schwälbchen. »Aber ich kann dein anderes Auge nicht auspicken. Dann wärest du ja ganz blind.«

»Schwälbchen, Schwälbchen, liebes Schwälbchen«, sagte der Prinz. »Tu, was ich dir befehle.«

Da pickte das Schwälbchen dem Prinzen das andere Auge aus und flog damit nieder. Es schoss an dem Zündholzmädchen vorbei und ließ das Juwel in ihre Hand fallen. »Welch ein entzückendes Stückchen Glas!«, rief das kleine Mädchen und lief lachend nach Hause.

Dann kam das Schwälbchen zurück zum Prinzen. »Nun bist du blind«, sagte es. »Und darum werde ich immer bei dir bleiben.«

»Nein, kleines Schwälbchen«, sagte der Prinz. »Du musst fort nach Ägypten.«

»Ich will immer bei dir bleiben«, sagte das Schwälbchen, und schlief zu des Prinzen Füßen.

Den ganzen nächsten Tag saß es auf des Prinzen Schulter und erzählte ihm Geschichten von all den fremden Ländern, die es gesehen hatte. Es erzählte ihm von den roten Ibissen, die in langen Reihen an den Ufern des Nils stehen und Goldfische mit ihren Schnäbeln fangen;

von der Sphinx, die so alt ist wie die Welt und in der Wüste lebt und alles weiß; von den Kaufleuten, die langsam neben den Kamelen einhergehen und Bernstein-Kügelchen durch die Finger gleiten lassen; vom König der Mondberge, der so schwarz ist wie Ebenholz und einen großen Kristall anbetet; von der großen grünen Schlange, die auf einem Palmbaum schläft und zwanzig Priester hat, die sie mit Honigkuchen füttern; und von den Pygmäen, die auf breiten flachen Blättern über einen großen See segeln und immer mit den Schmetterlingen Krieg führen.

»Liebes, kleines Schwälbchen«, sagte der Prinz. »Du erzählst mir von wunderbaren Dingen, aber wunderbarer als alles ist das Leid der Männer und Frauen. Das Mysterium des Elends ist das größte von allen. Fliege über meine Stadt, kleines Schwälbchen, und erzähle mir, was du da siehst.«

So flog denn das Schwälbchen über die große Stadt und sah, wie die Reichen glücklich waren in den schönen Häusern, indes die Bettler vor den Toren saßen. Es flog in dunkle Gässchen und sah die bleichen Gesichter hungernder Kinder, die mit verlorenem Blick die schwarze Straße hinabschauten. Unter dem Brückenbogen lagen zwei kleine Knaben, einer in des andern Arm und versuchten, sich zu wärmen. »Wir haben solchen Hunger«, sagten sie. »Ihr dürft hier nicht liegen!«, schrie der Wächter, und sie wanderten in den Regen hinaus.

Da flog das Schwälbchen zurück und erzählte dem Prinzen, was es gesehen hatte.

»Ich bin bedeckt mit feinem Gold«, sagte der Prinz. »Das musst du ablösen, Blättchen für Blättchen. Dann gib es meinen Armen. Die Lebenden glauben immer, dass Gold sie glücklich machen kann.«

Das Schwälbchen pickte Blättchen für Blättchen des feinen Goldes ab, bis der glückliche Prinz ganz stumpf und grau aussah. Und Blättchen für Blättchen des feinen Goldes brachte das Schwälbchen den Armen, und die Gesichter der Kinder wurden rosig, und sie lachten und spielten in den Straßen und riefen: »Nun haben wir Brot!«

Dann kam der Schnee, und nach dem Schnee kam der Frost. Die Straßen sahen aus, als wären sie aus Silber gemacht, so glänzten und glitzerten sie; lange Eiszapfen hingen gleich kristallenen Dolchen von den Dachtraufen der Häuser, und die kleinen Buben trugen scharlachrote Mäntel und liefen Schlittschuh auf dem Eis. Dem armen kleinen Schwälbchen wurde kälter und kälter, aber es wollte den Prinzen nicht verlassen, es liebte ihn zu sehr. Es pickte Brotkrumen vor des Bäckers Tür auf, wenn der Bäcker just nicht hinsah, und versuchte sich zu erwärmen, indem es mit den Flügeln schlug.

Aber endlich wusste das Schwälbchen, dass es sterben müsse. Es hatte gerade noch so viel Kraft, um noch einmal auf die Schulter des Prinzen zu flattern. »Lebewohl, teurer Prinz!«, murmelte es. »Willst du mich deine Hand küssen lassen?«

»Ich bin froh, dass du endlich nach Ägypten gehst, kleines Schwälbchen!«, sagte der Prinz. »Du bist zu lange hiergeblieben. Aber du musst mich auf die Lippen küssen, denn ich liebe dich!«

»Ich gehe nicht nach Ägypten«, sagte das Schwälbchen. »Ich gehe zum Haus des Todes. Der Tod ist der Bruder des Schlafes, nicht wahr?« Und das Schwälbchen küsste den glücklichen Prinzen auf die Lippen und fiel tot nieder zu seinen Füßen.

In diesem Augenblicke ertönte ein merkwürdiges Knacken in der Bildsäule, als ob etwas gebrochen sei. Tatsächlich war das bleierne Herz ganz entzweigesprungen. Der Frost war wirklich furchtbar streng …

Früh am nächsten Morgen spazierte der Bürgermeister unten auf dem Platz in Gesellschaft der Stadträte. Als sie an der Säule vorüberkamen, sah er an der Statue hinauf.

»O du meine Güte«, sagte er. »Wie schäbig der glückliche Prinz ausschaut!«

»Schrecklich schäbig!«, riefen die Stadträte, die immer mit dem Bürgermeister einer Meinung waren; und sie gingen hinauf, um die Sache näher in Augenschein zu nehmen.

»Der Rubin ist aus dem Schwertgriff herausgefallen, seine Augen sind fort, und die Vergoldung ist weg«, sagte der Bürgermeister. »Er sieht wirklich aus wie ein Bettler.«

»Ganz wie ein Bettler«, sagten die Stadträte.

»Und da liegt noch ein toter Vogel zu seinen Füßen«, fuhr der Bürgermeister fort. »Wir müssen wirklich einen Erlass herausgeben, dass Vögel hier nicht sterben dürfen.« Und der Stadtschreiber notierte sich die Anregung.

Und so wurde die Statue des glücklichen Prinzen von ihrer Säule heruntergenommen.

»Da sie nicht mehr schön ist, hat sie weiter keinen Zweck mehr«, sagte der Professor der Kunstgeschichte an der Universität.

Dann wurde die Statue in einem Ofen geschmolzen, und der Bürgermeister rief eine Ratssitzung ein, um zu entscheiden, was mit dem Metall zu geschehen habe. »Wir müssen natürlich eine andere Statue haben«, sagte er. »Und das soll mein Bildnis sein.«

»Mein Bildnis!«, sagte jeder der Stadträte, und sie gerieten in Streit. Als ich zuletzt von ihnen hörte, stritten sie noch immer.

»Wie merkwürdig«, sagte der Aufseher der Arbeiter beim Schmelzofen. »Dieses zerbrochene Herz will im Ofen nicht schmelzen. Wir müssen es wegwerfen.« So warfen sie es auf einen Misthaufen, wo das tote Schwälbchen auch schon lag.

»Bring mir die beiden kostbarsten Dinge aus der Stadt«, sagte Gott zu einem seiner Engel. Und der Engel brachte ihm das bleierne Herz und den toten Vogel.

»Du hast gut gewählt«, sagte Gott. »Denn im Garten des Paradieses wird dieser kleine Vogel immerdar singen, und in meiner goldenen Stadt wird der glückliche Prinz mich preisen.«

5.
Dezember

Die Hexe
La Befana

Aus Italien

*Befana, eine Verballhornung des Festes
Epiphanias (Fest der Erscheinung der Heiligen
Drei Könige Kaspar, Melchior und Balthasar am
6. Januar), ist die Gabenbringerin in Italien.
Sie ist ein weiblicher Dämon, der oft als Hexe
dargestellt wird, heute aber eher als gute Fee
angesehen wird. Über diese Befana gibt es viele
Geschichten.*

In Italien lebte vor langer, langer Zeit eine alte Frau in einer einsam gelegenen Hütte. Eines Tages, als sie gerade den Besen aus der Ecke der Stube genommen hatte, um den rauen und groben Holzboden zu fegen, hörte sie es an der Tür klopfen. Da ihr dies nicht recht geheuer war, öffnete sie die Tür nur einen kleinen Spalt, um nachzusehen, wer wohl da sei. Draußen vor der Tür aber standen drei fremdländisch aussehende Männer, die waren in glänzende und prächtige Gewänder gehüllt. Und als die alte Frau sie nach ihrem Begehr fragte, gaben sie ihr zur Antwort: »Wir suchen ein neugeborenes Kind, einen großen König, der in Bethlehem geboren ist. Könnt Ihr uns den Weg dahin weisen?«

Die alte Frau aber war müde, und da sie ihre Hausarbeit immer noch nicht beendet hatte, schüttelte sie ihren Kopf, was so viel wie »Nein« bedeuten sollte, schlug den

Männern die Tür vor der Nase zu und machte sich wieder daran, den Fußboden zu fegen. Neugierig schaute sie doch einmal aus dem Fenster und sah, wie die drei Männer über eine Bergkuppe davongingen. Dann sah sie nichts mehr von ihnen.

Aber es war seltsam. Den ganzen Abend und die ganze Nacht lang gingen die drei der alten Frau nicht aus dem Kopf. Sie musste unentwegt an ihre seltsamen Besucher und an das Kind, das sie aufsuchen wollten, denken. Und je mehr sie nachdachte, umso beschämter war sie darüber, dass sie die drei so unhöflich und hart abgewiesen hatte. Und so beschloss sie, sich schon gleich am nächsten Morgen auf die Suche nach den dreien und nach dem Kind zu machen.

Der Morgen graute kaum, als sie schon auf dem Weg war. Ein roter Schal umhüllte ihr Haupt, und ein schwerer Mantel sollte sie vor der Kälte schützen. In der einen Hand trug sie ihren Besen, und mit der anderen führte sie ihren Esel. Auf ihren Schultern trug sie eine Hotte, die war voller Geschenke, und auch der Esel war mit Gaben beladen. So zog sie rastlos weiter. Aber sie konnte suchen, wo und so lange sie nur wollte, im tiefen Schnee des Winters und in der glühenden Sommerhitze, sie fand die drei Männer und das Kind nie.

Noch bis auf den heutigen Tag ist sie unterwegs und geht mühsam Meile um Meile, doch ihre Suche wird nie ein Ende finden. Am 5. Januar, am Abend vor dem Dreikönigsfest, gibt sie den braven Kindern aus ihrer Hotte Süßigkeiten und andere Geschenke in der Hoffnung vielleicht, dass eines von ihnen das Jesuskind ist, für die unartigen und bösen aber gibt es Birkenreiser, Kohlestückchen und Asche. Ihr Name La Befana kommt von Epiphanias, demjenigen Fest, an dem die Heiligen Drei Könige das Kind in Bethlehem gefunden hatten und ihm ihre Gaben von Gold, Weihrauch und Myrrhe dargeboten hatten.

6.
Dezember

Nikolaus,
der Wundertäter

Aus Russland

Es waren einmal zwei Brüder, der eine war reich und der andere arm. Der Arme hatte eine große Familie, und zu essen gab es nichts mehr. Da ging er zum Bruder und bat ihn um Mehl; doch der schlug es ihm ab. Der Arme nahm ein Bild von Nikolaus, dem Wundertäter, und brachte es dem Reichen als Pfand. Der Bruder traute ihm nicht und fragte: »Wer wird für dich bürgen?« Da antwortete das Heiligenbild: »Ich bürge für ihn.« Der Reiche verwunderte sich darob, aber nahm das Bild an und gab dafür einen Sack Mehl.

Ein Jahr verging, ein zweites und ein drittes, aber der Arme zahlte dem Bruder die Schuld nicht zurück. »Welch ein Betrüger ist doch der Heilige!«, dachte der Bruder, »und dabei hat er noch gesagt, er verbürge sich.« Er nahm das Heiligenbild, brach sich Ruten ab und trug das Bild hinaus auf das Feld, um es dort zu prügeln. Unterwegs begegnete ihm ein Kaufmannssohn und fragte, wohin er das Bild trage. Der Reiche erklärte es ihm. Da bat jener, er möge ihm den wundertätigen Nikolaus verkaufen, gab zwei Sack Mehl für ihn und trug ihn heim. Seine Mutter lobte ihn für die gute Tat, und sie hängten das Bild auf.

Zu dieser Zeit musste der Kaufmann mit seinen Schiffen in ein anderes Zarenreich fahren; drei seiner Onkel hatten sich schon mit ihren Waren auf die Reise gemacht und nicht auf ihn gewartet. Da wollte er einen Aufseher in seinen Dienst nehmen und fand auch einen. Die Mutter schenkte dem Aufseher ein Ei und sagte, er solle es zusammen mit ihrem Sohn verspeisen. Jener schnitt das Ei in die Hälfte, aber die größere nahm er für sich, die kleinere gab er dem Hausherrn. Da befahl die Mutter, diesen Mann laufen zu lassen, und sagte: »Er sorgt mehr für sich als für seinen Herrn.« Der Kaufmann suchte nun so lange einen Aufseher, bis er einen solchen fand, der die größere Hälfte vom Ei seinem Herrn gab und die kleinere für sich selber nahm. Sie machten sich dann auf und fuhren ab. Auf dem Meere kamen sie an einer Insel vorbei, und auf der Insel erblickten sie einen alten Mann, der bat sie, ihn auf ihr Schiff hinüberzuholen, und das taten sie auch. Dann fuhren sie in das fremde Zarenreich und handelten so glücklich, dass sie das Geld nicht mehr zu zählen vermochten.

Der Zar in dem Lande hatte eine Tochter, die war einmal in ihrer Kindheit von ihm verflucht worden; sie starb darauf und lag schon lange in der Kirche im Sarge. Jede Nacht gingen die Leute einer nach dem andern zu ihr, den Psalter zu lesen, und alle fraß sie auf. So kam auch die Reihe an einen der Onkel des Kaufmannssohnes. Was sollte er tun? Sterben wollte er nicht, aber fortbleiben durfte er nicht. Da bat er den Neffen, für ihn zu wachen. Der ging aber vorher zum Alten und holte sich von ihm Rat, und der Alte sagte ihm, er solle dafür von dem Onkel zwei Schiffe mit Waren verlangen, gab ihm auch ein Buch und ein Stück Kohle und befahl ihm, sich in der

Kirche nicht umzuschauen. Der Neffe tat, wie er ihm geraten hatte, las in der Nacht den Psalter am Lesepult in der Kirche und zeichnete um sich herum mit der Kohle einen Kreis. Um Mitternacht aber, da stieg die Zarentochter aus dem Grabe und fing an, mit den Zähnen zu knirschen. »Ha! Jetzt bist du mir verfallen!« Doch sie konnte auf keine Art in den aufgezeichneten Kreis hineingelangen. Sie wand sich und mühte sich, bis ihre Zeit herum war und sie dort am Kreise niederfiel. Der Neffe aber las immerzu; am Morgen hob er die Zarentochter auf, legte sie zurück in den Sarg und ging selber nach Hause. Sie alle, das Volk und der Zar, staunten, dass er am Leben geblieben war. Der Onkel jedoch musste ihm zwei Schiffe geben; die Waren gingen rasch ab, und Geld hatte er nun scheffelweise.

In der nächsten Nacht kam die Reihe an den zweiten Onkel, in der übernächsten an den dritten; der Neffe nahm von ihnen je zwei Schiffe und wachte unbeschadet. Endlich, in der vierten Nacht, musste er für sich selber Wache halten. Da gab ihm der Alte drei eiserne, drei kupferne und drei stählerne Ruten und sprach zu ihm: »Zwing sie, ein Vaterunser zu beten, und sobald sie ins Stocken gerät, prügle sie mit den Ruten.« Der Kaufmannssohn ging zur Nacht in die Kirche, zeichnete den Kreis um sich herum und las. Die Zarentochter sprang um Mitternacht aus dem Grabe und fing an zu wüten, noch ärger als in den ersten drei Nächten. Sie hatte mit einem Mal Ofenkrücken in den Händen und zerrte ihn damit fast aus dem Kreise heraus; rund herum aber tobten zahllose Teufel und machten fürchterlichen Lärm. Endlich blieb die Zarentochter ganz ermattet stehen, aber fiel nicht um. Da zwang sie der Kaufmannssohn, das Vaterunser zu beten. Und wie sie nun anfing und dann stecken blieb, schlug er mit den eisernen Ruten auf sie ein. Danach musste sie aber weiterlesen, kam bis zur Hälfte und stockte abermals; da prügelte er sie aufs Neue mit den kupfernen Ruten. Und wieder zwang er sie, weiterzulesen, und sie war noch nicht zu Ende gelangt, als sie nochmals ins Stocken geriet: Da schlug er sie mit den stählernen Ruten. Dann las sie jedoch richtig bis zum Schluss.

Der Morgen war schon angebrochen, und hinter den Türen fragten die Leute einander: »Lebt er wohl noch?« Und als sie zwei Stimmen hörten, wunderten sie sich: »Was soll das bedeuten?« Sie öffneten die Tür und sahen den Kaufmannssohn und die Zarentochter beieinander. Gleich meldeten sie's dem Zaren. Der freute sich darüber sehr und gab dem Kaufmannssohn seine Tochter zur Frau.

Die Waren hatten sie inzwischen verkauft, und es war Zeit heimzukehren. Der Alte aber sagte dem Kaufmannssohn, dass er seiner Frau des Nachts nicht eher beiwohnen solle, bis er es ihm erlauben würde. Sie fuhren nun auf ihren Schiffen und kamen zu jener Insel. Da sprach der Alte: »Jetzt wollen wir unsern Verdienst teilen.« Sie legten ihre Millionen auf zwei Hälften, und dann sollte auch die Frau geteilt werden. Der Jüngling betrübte sich gar sehr, aber es war nichts zu machen, so hatten sie es vorher verabredet, und er willigte schließlich ein. Der

Alte nahm einen Säbel und hieb die Zarentochter in zwei Hälften: Da krochen aus ihrem Leibe allerhand Ungeziefer und Schlangen; das waren aber alles Teufel. Der Alte reinigte den Leib und besprengte ihn mit Wasser, da wuchs er zusammen, und die Zarentochter ward wieder lebendig. »Hier hast du deine wahre Frau«, sprach der Alte, »leb du mit ihr und nimm alles Geld, ich bedarf dessen nicht.« Nur drei Kopeken nahm er mit sich, und dann verschwand er plötzlich, keine Spur war mehr von ihm zu sehn. Dem Kaufmannssohn war es leid um den Alten, er hatte ihn liebgewonnen wie einen Vater, aber da ließ sich nichts tun, und er reiste heim.

Zu Hause erzählte er der Mutter von ihm, berichtete, was ihm begegnet war, und bedauerte den Alten. Die Mutter aber sprach zu ihm: »Warum dachtest du nicht an den wundertätigen Nikolaus? Hättest du ihm doch vorher eine Kerze geweiht.« Da besann er sich darauf und ging zu dem Heiligenbild, dort brannte aber schon eine Kerze für drei Kopeken. Sie fragten herum, wer sie wohl gestiftet habe, denn der Heilige hätte eine für einen Rubel haben sollen, doch niemand bekannte sich dazu. Da erriet er, dass der Alte der heilige Nikolaus, der Wundertäter, gewesen war und für jene drei Kopeken sich selbst eine Kerze aufgestellt hatte. Sie ließen die Kerze brennen, und mit all dem Gut, das sie erworben hatten, lebten sie glücklich und zufrieden.

7.

Dezember

Die Weihnachtsgans Auguste

Friedrich Wolf

Der Opernsänger Luitpold Löwenhaupt hatte bereits im November vorsorglich eine fünf Kilo schwere Gans gekauft – eine Weihnachtsgans. Dieser respektable Vogel sollte den Festtisch verschönen. Gewiss, es waren schwere Zeiten. »Aber etwas muss man doch fürs Herze tun!«

Bei diesem Satz, den Löwenhaupt mit seiner tiefen Bassstimme mehrmals vor sich hin sprach, sodass es wie ein Donnerrollen sich anhörte, mit diesem Satz meinte der Sänger im Grunde etwas anderes. Während er mit seinen kräftigen Händen die Gans an sich drückte, verspürte er zugleich den Geruch von Rotkraut und Äpfeln in der Nase. Und immer wieder murmelte sein schwerer Bass den Satz durch den nebligen Novembertag: »Aber etwas muss man doch fürs Herze tun.«

Ein Hausvater, der eigenmächtig etwas für den Haushalt eingekauft hat, verliert, sobald er seiner Wohnung sich nähert, mehr und mehr den Mut. Er ist zu Haus schutzlos den Vorwürfen und dem Hohn seiner Hausgenossen preisgegeben, da er bestimmt unrichtig und zu teuer eingekauft hat. Doch in diesem Falle erntete Vater Löwenhaupt überraschend hohes Lob. Mutter Löwenhaupt fand die Gans fett, gewichtig und preiswert. Das Hausmädchen Theres lobte das schöne weiße Gefieder; sie stellte jedoch die Frage, wo das Tier bis Weihnachten sich aufhalten solle?

Die zwölfjährige Elli, die zehnjährige Gerda und das kleine Peterle – Löwenhaupts Kinder – sahen aber hier überhaupt kein Problem, da es ja noch das Bad und das Kinderzimmer gäbe und das Gänschen unbedingt Wasser brauche, sich zu reinigen. Die Eltern entschieden jedoch, dass die neue Hausgenossin im Allgemeinen in einer Kiste in dem kleinen warmen Kartoffelkeller ihr Quartier beziehen solle und dass die Kinder sie bei Tag eine Stunde lang draußen im Garten hüten dürften.

So war das Glück allgemein.

Anfangs befolgten die Kinder genau diese Anordnung der Eltern. Eines Abends aber begann das siebenjährige Peterle in seinem Bettchen zu klagen, dass »Gustje« – man hatte die Gans aus einem nicht erfindbaren Grunde Auguste genannt – bestimmt unten im Keller friere. Seine Schwester Elli, der man im Schlafzimmer die Aufsicht über die beiden jüngeren Geschwister übertragen hatte, suchte das Brüderchen zu beruhigen, dass Auguste ja ein dickes Daunengefieder habe, das sie aufplustern könne wie eine Decke.

»Warum plustert sie es auf?«, fragte das Peterle.

»Ich sagte doch, dass es dann wie eine Decke ist.«

»Warum braucht Gustje denn eine Decke?«

»Mein Gott, weil sie dann nicht friert, du Dummerjan!«

»Also ist es doch kalt im Keller!«, sagte jetzt Gerda.

»Es ist kalt im Keller!«, echote Peterle und begann gleich zu heulen.

»Gustje friert! Ich will nicht, dass Gustje friert. Ich hole Gustje herauf zu mir!«

Damit war er schon aus dem Bett und tapste zur Tür. Die große Schwester Elli fing ihn ab und suchte ihn wieder ins Bett zu tragen. Aber die jüngere Gerda kam Peterle zu Hilfe. Peterle heulte: »Ich will zu Gustje!« Elli schimpfte. Gerda entriss ihr den kleinen Bruder.

Mitten in dem Tumult erschien die Mutter. Peterle wurde im Elternzimmer in das Bett der Mutter gelegt und den Schwestern sofortige Ruhe anbefohlen.

Diese Nacht ging ohne weiteren Zwischenfall vorüber.

Doch am übernächsten Tage hatten sich Gerda und Peter, der wieder im Kinderzimmer schlief, verständigt. Abwechselnd blieb immer einer der beiden wach und weckte den andern. Als nun die ältere Schwester Elli schlief und im Haus alles stille schien, schlichen die zwei auf den nackten Zehenspitzen in den Keller, holten die Gans Auguste aus ihrer Kiste, in der sie auf Lappen und Sägespänen lag, und trugen sie leise hinauf in ihr Zimmer. Bisher war Auguste recht verschlafen gewesen und hatte bloß etwas geschnattert wie: »Lat mi in Ruh, lat mi in Ruh!«

Aber plötzlich fing sie laut an zu schreien: »Ick will in min Truh, ick will in min Truh!«

Schon gingen überall die Türen auf.

Die Mutter kam hervorgestürzt. Theres, das Hausmädchen, rannte von ihrer Kammer her die Stiegen hinunter. Auch die zwölfjährige Elli war aufgewacht, aus ihrem Bett gesprungen und schaute durch den Türspalt. Die kleine Gerda aber hatte in ihrem Schreck die Gans losgelassen, und jetzt flatterte und schnatterte Auguste im

Treppenhaus umher. Ein Glück, dass der Vater noch nicht zu Hause war! Bei der nun einsetzenden Jagd durch das Treppenhaus und die Korridore verlor Auguste, bis man sie eingefangen hatte, eine Anzahl Federn. Die atemlose Theres schlug sie in eine Decke, woraus sie nunmehr ununterbrochen schimpfte:

> *Lat mi in Ruh, lat mi in Ruh!*
> *Ick will in min Truh!«*

Und da begann auch noch das Peterle zu heulen: »Ich will Gustje haben! Gustje soll mit mir schlafen!«

Die Mutter, die ihn ins Bett legte, suchte ihm zu erklären, dass die Gans jetzt wieder in ihre Kiste in den Keller müsse.

»Warum muss sie denn in den Keller?«, fragte Peterle.

»Weil eine Gans nicht im Bett schlafen kann.«

»Warum kann denn Gustje nicht im Bett schlafen?«

»Im Bett schlafen nur Menschen; und jetzt sei still und mach die Augen zu!«

Die Mutter war schon an der Tür, da heulte Peterle wieder los: »Warum schlafen nur Menschen im Bett? Gustje friert unten; Gustje soll oben schlafen.«

Als die Mutter sah, wie aufgeregt Peterle war und dass man ihn nicht beruhigen konnte, erlaubte sie, dass man die Kiste aus dem Keller heraufholte und neben Peterles Bett stellte. Und siehe da, während Auguste droben in der Kiste noch vor sich hin schnatterte:

»Lat man gut sin, lat man gut sin,
Hauptsach, dat ick in min Truh bin!«,

schliefen auch das Peterle und seine Geschwister ein.

Natürlich konnte man jetzt Auguste nicht wieder in den Keller bringen, zumal die Nächte immer kälter wurden, weil es schon mächtig auf Weihnachten ging. Auch benahm sich die Gans außerordentlich manierlich. Bei Tag ging sie mit Peterle spazieren und hielt sich getreulich an seiner Seite wie ein guter Kamerad, wobei sie ihren Kopf stolz hochtrug und ihren kleinen Freund mit ihrem Geplapper aufs Beste unterhielt. Sie erzählte dem Peterle, wie man die verschiedenen schmackhaften oder bitteren Gräser und Kräuter unterscheiden könne, wie ihre Geschwister – die Wildgänse – im Herbst nach Süden in wärmere Länder zögen und wie umgekehrt die Schneegänse sich am wohlsten in Eisgegenden fühlten. So viel konnte Auguste dem Peterle erzählen; und auf all sein »Warum« und »Weshalb« antwortete sie gern und geduldig. Auch die anderen Kinder gewöhnten sich immer mehr an Auguste. Peterle aber liebte seine Gustje so, dass beide schier unzertrennlich wurden. So kam es, dass eines Abends, als Peterle vom Bett aus noch ein paar Fragen an Gustje richtete, diese zu ihrem Freund einfach ins Bett schlüpfte, um sich leiser und ungestörter mit ihm unterhalten zu können. Elli und Gerda gönnten dem Brüderchen die Freude.

Am frühen Morgen aber, als die Kinder noch schliefen, hopste Auguste wieder in ihre Kiste am Boden, steckte ihren Kopf unter die weißen Flügel und tat, als sei nichts geschehen.

Doch das Weihnachtsfest rückte näher und näher. Eines Mittags meinte der Sänger Löwenhaupt plötzlich zu seiner Frau, dass es nun mit Auguste »so weit wäre«. Mutter Löwenhaupt machte ihrem Mann erschrocken ein Zeichen, in Gegenwart der Kinder zu schweigen.

Nach Tisch, als der Sänger Luitpold Löwenhaupt mit seiner Frau allein war, fragte er sie, was das seltsame Gebaren zu bedeuten habe? Und nun erzählte Mutter Löwenhaupt, wie sehr sich die Kinder – vor allem Peterle – an Auguste, die Gans, gewöhnt hätten und dass es ganz unmöglich sei ...

»Was ist unmöglich?«, fragte Vater Löwenhaupt.

Die Mutter schwieg und sah ihn nur an.

»Ach so!«, grollte Vater Löwenhaupt. »Ihr glaubt, ich habe die Gans als Spielzeug für die Kinder gekauft? Ein nettes Spielzeug! Und ich? Was wird aus mir?!«

»Aber Luitpold, verstehe doch!«, suchte die Mutter ihn zu beschwichtigen.

»Natürlich, ich verstehe ja schon!«, zürnte der Vater. »Ich muss wie stets hintenanstehn!« Und als habe diese furchtbare Feststellung seine sämtlichen Energien entfesselt, donnerte er jetzt los: »Die Gans kommt auf den Weihnachtstisch mit Rotkraut und gedünsteten Äpfeln! Dazu wurde sie gekauft! Und basta!«

Eine Tür knallte zu.

Die Mutter wusste, dass in diesem Stadium mit einem Mann und dazu noch einem Opernsänger nichts anzu-

fangen war. Sie setzte sich in ihr Zimmer über eine Näh-
arbeit und vergoss ein paar Tränen. Dann beriet sie mit
ihrer Hausgehilfin Theres, was zu tun sei, da bis Weihnachten nur noch eine Woche war. Sollte man eine
andere, schon gerupfte und ausgenommene Gans kaufen?
Doch dazu reichte das Haushaltungsgeld nicht. Aber was
würde man, wenn die Gans Auguste nicht mehr da wäre,
den Kindern sagen? Durfte man sie überhaupt belügen?
Und wer im Hause würde es fertigbringen, Auguste ins
Jenseits zu senden?

»Soll der Herr es selbst tun!«, schlug Theres vor.

Die Mutter fand diesen Rat nicht schlecht, zumal ihr
Mann zu der Gans nur geringe persönliche Beziehungen
hatte.

Als nun der Sänger Luitpold Löwenhaupt abends aus
der Oper heimkam, wo er eine Heldenpartie gesungen
hatte, und die Mutter ihm jenen Vorschlag machte, erwiderte er: »Oh, ihr Weibervolk! Wo ist der Vogel?«

Theres sollte leise die Gans herunterholen. Natürlich
wachte Auguste auf und schrie sofort aus vollem Hals:

>»Ick will min Ruh, min Ruh!*
>*Lat mi in min Truh!«*

Peterle und die Schwestern erwachten, es gab einen Höl-
lenspektakel. Die Mutter weinte, Theres ließ die Gans
flattern; diese segelte hinunter in den Hausflur. Vater
Löwenhaupt, der jetzt zeigen wollte, was ein echter Mann
und Hausherr ist, rannte hinter Auguste her, trieb sie in

die Ecke, griff mutig zu und holte aus der Küche einen Gegenstand. Während die Mutter die Kinder oben im Schlafzimmer hielt, ging der Vater mit der Gans in die entfernteste, dunkelste Gartenecke, um sein Werk zu vollbringen. Die Gans Auguste aber schrie Zeter und Mordio, indessen die Mutter und Theres lauschten, wann sie endgültig verstummen werde. Aber Auguste verstummte nicht, sondern schimpfte auch im Garten immerzu. Schließlich trat doch Stille ein. Der Mutter liefen die Tränen über die Wangen, und auch Peterle jammerte: »Wo ist meine Gustje? Wo ist Gustje?«

Jetzt knarrte drunten die Haustür. Die Mutter eilte hinunter. Vater Löwenhaupt stand mit schweißbedecktem Gesicht und wirrem Haar da ... doch ohne Auguste.

»Wo ist sie?«, fragte die Mutter.

Draußen im Garten hörte man jetzt wieder ein schnatterndes Schimpfen:

»Ick will min Ruh, ick will min Ruh!
Lat mi in min Truh!«

»Ich habe es nicht vermocht. Oh, dieser Schwanengesang!«, erklärte Vater Löwenhaupt.

Man brachte also die unbeschädigte Auguste wieder hinauf zum Peterle, das ganz glücklich seine »Gustje« zu sich nahm und, sie streichelnd, einschlief.

Inzwischen brütete Vater Löwenhaupt, wie er dennoch seinen Willen durchsetzen könne, wenn auch auf möglichst schmerzlose Art. Er dachte und dachte nach, während er sich in bläulichgraue Wolken dichten Zigarrenrauches hüllte. Plötzlich kam ihm die Erleuchtung.

Am nächsten Tag mischte er der Gans Auguste in ihren Kartoffelbrei zehn aufgelöste Tabletten Veronal, eine Dosis, die ausreicht, einen erwachsenen Menschen in einen tödlichen Schlaf zu versetzen. Damit musste sich auch die Mutter einverstanden erklären.

Tatsächlich begann am folgenden Nachmittag die Gans Auguste nach ihrer Mahlzeit seltsam umherzutorkeln, wie eine Traumtänzerin von einem Bein auf das andere zu treten, mit den Flügeln dazu zu fächeln und schließlich nach einigen langsamen Kreiselbewegungen sich mitten auf dem Küchenboden hinzulegen und zu schlafen.

Vergebens versuchten die Kinder sie zu wecken.

Auguste bewegte etwas die Flügel und rührte sich nicht mehr.

»Was tut Gustje?«, fragte das Peterle.

»Sie hält ihren Winterschlaf«, erklärte ihm Vater Löwenhaupt und wollte sich aus dem Staube machen. Aber Peterle hielt den Vater fest. »Weshalb hält Gustje jetzt den Winterschlaf?«

»Sie muss sich ausruhen für den Frühling.« Doch Vater Löwenhaupt war es nicht wohl bei dem Examen. Er konnte seinem Söhnchen Peterle nicht in die Augen sehen. Auch die Mutter und das Hausmädchen Theres gingen den Kindern so viel wie möglich aus dem Wege.

Peterle trug seine bewegungslose Freundin Gustje zu sich hinauf in die kleine Kiste. Als die Kinder nun schliefen, holte Theres die Gans hinunter und begann sie – da Vater Löwenhaupt versicherte, die zehn Veronaltabletten würden einen Schwergewichtsboxer unweigerlich ins Jenseits befördert haben –, Theres begann, wobei ihr die Tränen über die Wangen rollten, die Gans zu rupfen und sie dann in die Speisekammer zu legen. Als Vater Löwenhaupt seiner Frau »Gute Nacht« sagen wollte, stellte sie sich schlafend und antwortete nicht. Bei Nacht wachte er auf, weil er neben sich ein leises Schluchzen vernahm. Auch Theres schlief nicht; sie überlegte, was man den Kindern sagen werde. Zudem wusste sie nicht, hatte sie im Traum Auguste schnattern gehört:

> *»Lat mi in Ruh, lat mi in Ruh!*
> *Ick will in min Truh!«*

So kam der Morgen. Theres war als Erste in der Küche. Draußen fiel in dicken Flocken der Schnee.

Was war das? Träumte sie noch?

Aus der Speisekammer drang ein deutliches Geschnatter. Unmöglich! Wie Theres die Tür zur Kammer öffnete, tapste ihr schnatternd und schimpfend die gerupfte Auguste entgegen. Theres stieß einen Schrei aus; ihr zitterten die Knie. Auguste aber schimpfte:

> *»Ick frier, als ob ick keen Federn nich hätt'*
> *Man trag mich gleich wieder in Peterles Bett!«*

Jetzt waren auch die Mutter und Vater Löwenhaupt

erschienen. Der Vater bedeckte mit seinen Händen die Augen, als stünde da ein Gespenst.

Die Mutter aber sagte zu ihm: »Was nun?«

»Einen Kognak! Einen starken Kaffee!«, stöhnte der Vater und sank auf einen Stuhl.

»Jetzt werde ich die Sache in die Hand nehmen!«, erklärte die Mutter energisch. Sie ordnete an, dass Theres den Wäschekorb bringe und eine Wolldecke. Dann umhüllte sie die nackte, frierende Gans mit der Decke, legte sie in den Korb und tat noch zwei Krüge mit heißem Wasser an beide Seiten.

Vater Löwenhaupt, der inzwischen zwei Kognaks hinuntergekippt hatte, erhob sich leise vom Stuhl, um aus der Küche zu verschwinden. Doch die Mutter hielt ihn fest; sie befahl: »Geh sofort in die Breite Straße und kauf fünfhundert Gramm gute weiße Wolle!«

»Wieso Wolle?«

»Geh, und frag nicht!«

Vater Löwenhaupt war noch so erschüttert, dass er nicht widersprach, seinen Hut und Überzieher nahm und eiligst das Haus verließ.

Schon nach einer Stunde saßen die Mutter und Theres im Wohnzimmer und begannen für Auguste aus weißer Wolle einen Pullover zu stricken. Am Nachmittag nach Schulschluss halfen ihnen die Töchter Elli und Gerda. Peterle aber durfte seine Gustje auf dem Schoß halten und ihr den neu entstehenden Pullover, in dem für die Flügel, den Hals, die Beine und den kleinen Sterz Öffnungen bleiben mussten, anprobieren helfen. Bereits am Abend war das Kunstwerk beendet.

Schnatternd und schimpfend, aber doch nicht mehr frierend stolzierte nun Auguste in ihrem wunderschönen weißen Wollkleid durchs Zimmer. Peterle sprang um sie herum und freute sich, dass Gustjes Winterschlaf so schnell zu Ende war, dass er wieder mit ihr spielen und sich unterhalten konnte. Auguste aber schimpfte:

»Winterschlaf ist schnacke-schnick;
Hätt ick min Federn bloß zurück!«

Als Vater Löwenhaupt zum Abendessen kam und Auguste in ihrem schicken Pullover mit Rollkragen um den langen Gänsehals dahertapsen sah, meinte er: »Sie ist schöner als je! So ein Exemplar gibt es auf der ganzen Welt nicht mehr!«

Die Mutter aber erwiderte hierauf nichts, sondern sah ihn bloß an.

Natürlich musste man für Auguste noch einen zweiten Pullover stricken, diesmal einen graublauen, zum Wechseln, wenn der weiße gewaschen wurde. Natürlich nahm Auguste als wesentliches Mitglied der Familie groß am Weihnachtsfest teil. Natürlich war Auguste auch das am meisten bewunderte Lebewesen des ganzen Stadtteils, wenn Peterle mit der Weihnachtsgans in ihrem schmucken Sweater spazieren ging.

Und als der Frühling kam, war der Auguste bereits wieder ein warmer Federflaum gewachsen. So konnte man den Pullover mit den anderen Wintersachen einmotten. Gustje aber durfte jetzt sogar beim Mittagstisch auf dem Schoß von Peterle sitzen, wo sie ihr kleiner Freund mit Kartoffelstückchen fütterte.

Sie war der Liebling der ganzen Familie. Und Vater Löwenhaupt bemerkte immer wieder stolz: »Na, wer hat euch denn Auguste mitgebracht? Wer?«

Die Mutter sah ihn an und lächelte. Peterle jedoch echote: »Ja, wer hat Gustje uns mitgebracht«; und dabei sprang er gerührt auf und umarmte den Vater. Dann hob er seine Gustje empor und ließ sie dem Vater »einen Kuss« geben, was bedeutete, dass Auguste den Vater Löwenhaupt schnatternd mit ihrem Schnabel an der Nase zwickte.

Spätabends im Bett aber fragt Peterle seine Gustje, indem er sie fest an sich drückt: »Warum hast du denn vor Weihnachten den Winterschlaf gehalten?«

Und Gustje antwortet schläfrig: »Weil man mir die Federn rupfen wollte.«

»Und warum wollte man dir die Federn rupfen?«

»Weil man mir dann einen Pullover stricken konnte«, gähnte Gustje, halb schon im Schlaf.

»Und warum wollte man dir denn einen Pullover …« Aber da geht es auch bei Peterle nicht mehr weiter. Mit seiner Gustje im Arm ist er glücklich eingeschlafen.

8.

Dezember

Frau Holle

Jacob und Wilhelm Grimm

Eine Witwe hatte zwei Töchter, davon war die eine schön und fleißig, die andere hässlich und faul. Sie hatte aber die hässliche und faule, weil sie ihre rechte Tochter war, viel lieber, und die andere musste alle Arbeit tun und der Aschenputtel im Hause sein. Das arme Mädchen musste sich täglich auf die große Straße bei einem Brunnen setzen und musste so viel spinnen, dass ihm das Blut aus den Fingern sprang. Nun trug es sich zu, dass die Spule einmal ganz blutig war; da bückte es sich damit in den Brunnen und wollte sie abwaschen: sie sprang ihm aber aus der Hand und fiel hinab. Es weinte, lief zur Stiefmutter und erzählte ihr das Unglück. Sie schalt es aber so heftig und war so unbarmherzig, dass sie sprach: »Hast du die Spule hinunterfallen lassen, so hol sie auch wieder herauf.« Da ging das Mädchen zu dem Brunnen zurück und wusste nicht, was es anfangen sollte: und in seiner Herzensangst sprang es in den Brunnen hinein, um die Spule zu holen. Es verlor die Besinnung, und als es erwachte und wieder zu sich kam, war es auf einer schönen Wiese, wo die Sonne schien, und viel tausend Blumen standen. Auf dieser Wiese ging es fort und kam zu einem Backofen, der war voller Brot; das Brot aber rief: »Ach, zieh mich raus, zieh mich raus, sonst verbrenn' ich: ich bin schön längst ausgebacken.« Da trat es herzu und holte mit dem Brotschieber alles nacheinander heraus. Danach ging es weiter und kam zu einem Baum, der hing voller Äpfel und rief ihm zu: »Ach, schüttel mich, schüttel mich, wir Äpfel sind alle miteinander reif.« Da schüttelte es den Baum, dass die Äpfel fielen, als regneten sie, und schüttelte, bis keiner mehr oben war; und als es alle in einen Haufen zusammengelegt hatte, ging es wieder weiter. Endlich kam es zu einem kleinen Haus, daraus guckte eine alte Frau, weil sie aber so große Zähne hatte, ward ihm Angst, und es wollte fortlaufen. Die alte Frau aber rief ihm nach: »Was fürchtest du dich, liebes Kind? Bleib bei mir, wenn du alle Arbeit im Hause ordentlich tun willst, so soll dir's gut gehn. Du musst nur achtgeben, dass du mein Bett gut machst und es fleißig aufschüttelst, dass die Federn fliegen. Dann schneit es in der Welt*; ich bin die Frau Holle.« Weil die Alte ihm so gut zusprach, so fasste sich das Mädchen ein Herz, willigte ein und begab sich in ihren Dienst. Es besorgte auch alles nach ihrer Zufriedenheit und schüttelte ihr das Bett immer gewaltig auf, dass die Federn wie Schneeflocken umherflogen; dafür hatte es auch ein gut Leben bei ihr, kein böses Wort und alle Tage Gesottenes und Gebratenes.

Nun war es eine Zeit lang bei der Frau Holle, da ward es traurig und wusste anfangs selbst nicht, was ihm fehlte, endlich merkte es, dass es Heimweh war; ob es ihm hier gleich viel tausendmal besser ging als zu Haus, so hatte es doch ein Verlangen dahin. Endlich sagte es zu ihr: »Ich habe den Jammer nach Haus kriegt, und wenn es mir auch noch so gut hier unten geht, so kann ich doch nicht länger bleiben, ich muss wieder hinauf zu den Meinigen.« Die Frau Holle sagte: »Es gefällt mir, dass du wieder nach Haus verlangst, und weil du mir so treu gedient hast, so will ich dich selbst wieder hinaufbringen.« Sie nahm es darauf bei der Hand und führte es vor ein großes Tor. Das Tor ward aufgetan, und wie das Mädchen gerade darunter stand, fiel ein gewaltiger Goldregen, und alles Gold blieb an ihm hängen, sodass es über und über davon bedeckt war. »Das sollst du haben, weil du so fleißig gewesen bist«, sprach die Frau Holle und gab ihm auch die Spule wieder, die ihm in den Brunnen gefallen war. Darauf ward das Tor verschlossen, und das Mädchen befand sich oben auf der Welt, nicht weit von seiner Mutter Haus: und als es in den Hof kam, saß der Hahn auf dem Brunnen und rief:

> »*Kikeriki,*
> *unsere goldene Jungfrau ist wieder hie.*«

Da ging es hinein zu seiner Mutter, und weil es so gut mit Gold bedeckt ankam, ward es von ihr und der Schwester gut aufgenommen.[*]

Das Mädchen erzählte alles, was ihm begegnet war, und als die Mutter hörte, wie es zu dem großen Reichtum gekommen war, wollte sie der anderen hässlichen und faulen Tochter gerne dasselbe Glück verschaffen. Sie

---

[*] Darum sagt man in Hessen, wenn es schneit: »Die Frau Holle macht ihr Bett.«

musste sich an den Brunnen setzen und spinnen, und damit ihre Spule blutig ward, stach sie sich in die Finger und stieß sich die Hand in die Dornhecke. Dann warf sie die Spule in den Brunnen und sprang selbst hinein. Sie kam wie die andere auf die schöne Wiese und ging auf demselben Pfade weiter. Als sie zu dem Backofen gelangte, schrie das Brot wieder: »Ach, zieh mich raus, zieh mich raus, sonst verbrenn' ich, ich bin schon längst ausgebacken.« Die Faule aber antwortete: »Da hätt' ich Lust, mich schmutzig zu machen«, und ging fort. Bald kam sie zu dem Apfelbaum, der rief: »Ach, schüttel mich, schüttel mich, wir Äpfel sind alle miteinander reif.« Sie antwortete aber: »Du kommst mir recht, es könnte mir einer auf den Kopf fallen«, und ging damit weiter. Als sie vor der Frau Holle Haus kam, fürchtete sie sich nicht, weil sie von ihren großen Zähnen schon gehört hatte, und verdingte sich gleich zu ihr. Am ersten Tag tat sie sich Gewalt an, war fleißig und folgte der Frau Holle, wenn sie ihr etwas sagte; denn sie dachte an das viele Gold, das sie ihr schenken würde; am zweiten Tag aber fing sie schon an zu faulenzen, am dritten noch mehr, da wollte sie morgens gar nicht aufstehen. Sie machte auch der Frau Holle das Bett nicht, wie sich's gebührte, und schüttelte es nicht, dass die Federn aufflogen. Das ward die Frau Holle bald müde und sagte ihr den Dienst auf. Die Faule war das wohl zufrieden und meinte, nun würde der Goldregen kommen; die Frau Holle führte sie auch zu dem Tor, als sie aber darunter stand, ward statt des Goldes ein großer Kessel voll Pech ausgeschüttet. »Das ist zur

Belohnung deiner Dienste«, sagte die Frau Holle und schloss das Tor zu. Da kam die Faule heim, aber sie war ganz mit Pech bedeckt, und der Hahn auf dem Brunnen, als er sie sah, rief:

>»Kikeriki,
unsere schmutzige Jungfrau ist wieder hie.«*

Das Pech aber blieb fest an ihr hängen und wollte, solange sie lebte, nicht abgehen.

9.
Dezember

Der Schneemann

Manfed Kyber

Es war einmal ein Schneemann, der stand mitten im tief verschneiten Walde und war ganz aus Schnee. Er hatte keine Beine und Augen aus Kohle und sonst nichts, und das ist wenig. Aber dafür war er kalt, furchtbar kalt. Das sagte auch der alte griesgrämige Eiszapfen, der in der Nähe hing und noch viel kälter war. »Sie sind kalt!«, sagte er ganz vorwurfsvoll zum Schneemann. Der war gekränkt. »Sie sind ja auch kalt«, antwortete er. »Ja, das ist etwas ganz anderes«, sagte der Eiszapfen überlegen.

Der Schneemann war so beleidigt, dass er fortgegangen wäre, wenn er Beine gehabt hätte. Er hatte aber keine Beine und blieb also stehen, doch nahm er sich vor, mit dem unliebenswürdigen Eiszapfen nicht mehr zu sprechen. Der Eiszapfen hatte unterdessen etwas anderes entdeckt, das seinen Tadel reizte: ein Wiesel lief über den Weg und huschte mit eiligem Guss an den beiden vorbei. »Sie sind zu lang, viel zu lang!«, rief der Eiszapfen hinter ihm her. »Wenn ich so lang wäre wie Sie, ginge ich nicht auf die Straße!« – »Sie sind doch auch lang!«, knurrte das Wiesel verletzt und erstaunt. »Das ist etwas ganz anderes!«, sagte der Eiszapfen mit unverschämter Sicherheit und knackte dabei ordentlich vor lauter Frost.

Der Schneemann war empört über diese Art, mit Leuten umzugehen, und wandte sich, soweit ihm das möglich war, vom Eiszapfen ab. Da lachte was hoch über ihm in den Zweigen einer alten schneeverhangenen Tanne. Und wie er hinaufsah, saß ein wunderschönes, weißes, weiches Schnee-Elfchen oben und schüttelte die langen hängenden Haare, dass tausend kleine Schneesternchen herabfielen und dem armen Schneemann gerade auf den Kopf. Das Schnee-Elfchen lachte noch lauter und lustiger, dem Schneemann aber wurde ganz seltsam zumute und er wusste gar nicht, was er sagen sollte; und da sagte er schließlich: »Ich weiß nicht, was das ist ...« – »Das ist etwas ganz anderes«, höhnte der Eiszapfen neben ihm. Aber dem Schneemann war so seltsam zumute, dass er gar nicht mehr auf den Eiszapfen hörte, sondern immer hoch über sich auf den Tannenbaum sah, in dessen Krone sich das weiße Schnee-Elfchen wiegte und die langen hängenden Haare schüttelte, dass tausend kleine Schneesternchen herabfielen.

Der Schneemann wollte unbedingt etwas sagen über das eine, von dem er nicht wusste, was es war, und von dem der Eiszapfen sagte, dass es etwas ganz anderes wäre. Er dachte schrecklich lange darüber nach, sodass ihm die Kohlenaugen ordentlich herausstanden vor lauter Gedanken, und schließlich wusste er, was er sagen wollte, und da sagte er: »Schnee-Elfchen im silbernen Mondenschein, du sollst meine Herzallerliebste sein!« Dann sagte er nichts mehr, denn er hatte das Gefühl, dass nun das Schnee-Elfchen etwas sagen müsse, das war ja wohl auch nicht unrichtig.

Das Schnee-Elfchen sagte aber nichts, sondern lachte so laut und lustig, dass die alte Tanne, die doch sonst gewiss nicht für Bewegung war, missmutig und erstaunt die Zweige schüttelte und sogar vernehmlich knarrte. Da wurde es dem armen, kalten Schneemann so brennend heiß ums Herz, dass er anfing, vor lauter brennender Hitze zu schmelzen; und das war nicht schön. Zuerst schmolz der Kopf, und das ist das Unangenehmste – später geht's ja leichter. Das Schnee-Elfchen aber saß ruhig hoch oben in der weißen Tannenkrone und wiegte sich und lachte und schüttelte die langen hängenden Haare, dass tausend kleine Schneesternchen herabfielen.

Der arme Schneemann schmolz immer weiter und wurde immer kleiner und armseliger, und das kam alles von dem brennenden Herzen. Und das ist so weitergegangen, und der Schneemann war schon fast kein Schneemann mehr, da ist der Heilige Abend gekommen, und die Englein haben die goldenen und silbernen Sterne am Himmel geputzt, damit sie schön glänzen in der Heiligen Nacht.

Und da ist etwas Wunderbares geschehen: Wie das Schnee-Elfchen den Sternenglanz der Heiligen Nacht gesehen hat, da ist ihm so seltsam zumute geworden, und da hat's mal auf den Schneemann heruntergesehen, der unten stand und schmolz und eigentlich schon so ziemlich zerschmolzen war. Da ist's dem Schnee-Elfchen so brennend heiß ums Herz geworden, dass es heruntergehuscht ist vom hohen Tann und den Schneemann auf den Mund geküsst hat, so viel noch davon übrig war. Und wie die beiden brennenden Herzen zusammen waren, da sind sie alle beide so schnell geschmolzen, dass sich sogar der Eiszapfen darüber wunderte, so ekelhaft und unverständlich ihm die ganze Sache auch war.

So sind nur die beiden brennenden Herzen nachgeblieben, und die hat die Schneekönigin geholt und in ihren Kristallpalast gebracht; und da ist's wunderschön, und der ist ewig und schmilzt auch nicht. Und zu alledem läuteten die Glocken der Heiligen Nacht. Als aber die Glocken läuteten, ist das Wiesel wieder herausgekommen, weil es so gerne das Glockenläuten hört; und da hat's gesehen, dass die beiden weg waren. »Die beiden sind ja weg«, sagte es, »das ist wohl der Weihnachtszauber gewesen.« – »Ach, das war ja etwas ganz anderes!«, sagte der Eiszapfen rücksichtslos – und das Wiesel verzog sich empört in seine Behausung.

Auf die Stelle aber, wo die beiden geschmolzen waren, fielen tausend und abertausend kleine weiße, weiche Flocken, sodass niemand mehr was von ihnen sehen und sagen konnte. – Nur der Eiszapfen hing noch genauso da, wie er zuerst gehangen hatte. Und der wird auch niemals an einem brennenden Herzen schmelzen und auch gewiss nicht in den Kristallpalast der Schneekönigin kommen – denn der ist eben etwas ganz anderes!

10.
Dezember

In Hülle
und Fülle

Aus Dänemark

Es war an einem Weihnachtsabend, da kamen zwei arme Wanderer zu einem Hofe und baten, die Nacht über dableiben zu dürfen. Nein, sagten die Hofbewohner, sie könnten solchen Prachern kein Obdach geben. Da gingen sie weiter und kamen zu einer Hütte, in der ein armer Häusler mit seiner Frau wohnte. Sie klopften an und fragten, ob sie dort die Nacht über bleiben könnten. Ja, sagten die Leute, das könnten sie gern, wenn sie mit dem, was sich vorfinde, vorliebnehmen wollten, denn sie seien ja nur geringe Leute.

Die beiden Fremdlinge dankten herzlich und traten ein. Da flüsterte die Frau dem Mann zu und sagte: »Wir müssen doch an diesem hochheiligen Abend den Fremden etwas zum Besten geben. Wir müssen wohl unser Widderlamm schlachten.« – »Ja, lass uns das tun!«, sagte der Mann; und sie schlachteten das Lamm, und ein guter Braten kam auf den Tisch, und sie aßen und waren vergnügt miteinander an dem Heiligen Abend. Als es dann Schlafenszeit war, wiesen sie den Gästen ihr eigenes Bett an; es war das einzige, das sie hatten. Und dann breiteten sie Stroh auf die Diele, und dort schliefen sie selber.

Am nächsten Morgen gingen sie allesamt zur Kirche, und die Häusler baten die beiden Wanderer, doch während der beiden Feiertage noch bei ihnen zu verweilen. »Denn jetzt haben wir ja all das gute Essen«, sagten sie,

»das müsst ihr uns verzehren helfen.« Die Fremden dankten, und sie blieben die beiden Weihnachtstage über da. Am Morgen des dritten Weihnachtstags, als sie fortgehen wollten, bedankten sich die beiden Fremden für die gute Aufnahme. Es sei schlimm, sagten sie, dass sie ihnen keine Bezahlung anbieten könnten. Ach, das bliebe sich gleich, sagten Mann und Frau; sie hätten sie nicht um irgendeines Lohnes willen aufgenommen.

Gerade als sie aus der Tür gehen wollten, sagte der eine der beiden Wanderer: »Aber das ist wahr, hatte das Lamm keine Hörner?« »Doch«, sagte der Mann, »aber sie waren zu nichts nütze.« Er dachte, dass die Fremdlinge vielleicht Verwendung für Widderhörner haben könnten und ihn um dieselben bitten wollten. »Wie viele Hörner hatte das Lamm?«, hob der Fremde wieder an. – »Zwei«, sagte der Mann, ganz verwundert über die Frage. »Dann mögen euch zwei Wünsche erfüllt werden«, sagte der Fremde, »welche ihr wollt.« Da sagte der Mann, sie hätten keine anderen Wünsche, als dass sie hier auf Erden ihr tägliches Brot und Auskommen haben und nach ihrem Tode ins Himmelreich kommen möchten. »Das gewähre euch Gott«, sagte der Fremde; »über ein Jahr sprechen wir wieder bei euch vor.« Und dann gingen die beiden Wanderer fort.

Seit dem Tage gedieh und vermehrte sich alles bei den Häuslern auf die wunderbarste Art: sie bekamen drei große Kälber statt eines von ihrer einzigen Kuh, sie bekamen acht gute Lämmer von ihren zwei Schafen, und sie bekamen so viele Ferkel von ihrer Sau, dass sie fast

nicht zu zählen waren; und von allem, was in ihrem bisschen Ackerland gesät war oder gesät wurde, erhielten sie
wohl hundertfältige Frucht. Sie wurden daher recht wohl-
habend und bauten ihr Hüttchen aus, sodass es größer
und behaglicher ward. Und sie freuten sich auf Weihnachten, wo die beiden Fremdlinge wiederkommen wollten. Denn sie merkten wohl, dass sie ihnen all den Segen
zu verdanken hätten.

Ihre Nachbarn und alle Leute im Dorfe verwunderten
sich über den Wohlstand, der in das ärmliche Haus
strömte, und die Bewohner des Hofes ihnen gerade gegenüber, wo die beiden Wanderer abgewiesen worden
waren, verwunderten sich nicht am wenigsten; und als
sie erfuhren, woraus die Häusler kein Geheimnis machten, dass all der Segen den guten Wünschen der armen
Wanderer zu verdanken sei, welche am letzten Weihnachten bei ihnen eingekehrt waren, wurden sie schrecklich
neidisch und meinten, das alles sei ihnen selbst gleichsam gestohlen; denn die guten Wünsche hätten ja ihnen
zuteilwerden können, wenn sie sie nur aufgenommen
hätten. Als sie nun hörten, dass die Fremdlinge versprochen hätten, um Weihnachten wiederzukommen, baten
und bettelten und drohten sie den Häuslern das Versprechen ab, dieselben bei ihrer Ankunft nach dem Hofe
hinüberzuweisen.

In der Dämmerungsstunde des Weihnachtsabends
kamen dieselben zwei Wanderer und klopften bei den
Häuslern an. Sowohl der Mann wie die Frau gingen hinaus und begrüßten sie und dankten ihnen für all den

Segen, den ihr Besuch ihnen gebracht habe. Die Fremdlinge baten, ob sie die Nacht über dableiben und das Fest mit ihnen feiern dürften. Ja, sagten die Häusler, nichts würde ihnen lieber sein; aber sie hätten den Hofbewohnern gerade gegenüber versprochen, sie bei ihrer Ankunft dorthin zu weisen. Es täte ihnen so leid, dass sie sie voriges Jahr abgewiesen hätten, und sie wollten es gern wiedergutmachen. »Und ihr bekommt es auch drüben viel besser, als wir es euch bieten könnten«, sagten die Häusler. »Wenn ihr es wünscht«, sagten die Fremden, »gehen wir heute Abend dort hinüber, allein morgen früh gehen wir mit euch zur Kirche.« Dann gingen sie nach dem Hofe hinüber. Der Junge schaute schon draußen vor dem Tore nach ihnen aus, und er lief gleich hinein, um ihre Ankunft zu melden. Der Hofbesitzer und seine Frau kamen beide hinausgeschossen und nahmen die Fremdlinge in Empfang und führten sie in ihre beste Stube und brachten viele Entschuldigungen vor, dass sie sie voriges Jahr abgewiesen hätten. Der Hofherr hatte einen fetten Ochsen geschlachtet, und es ward ihnen reichlich aufgetischt: Sie erhielten Suppe und Braten und Kuchen, und es war gutes Bier und alter Met da und Wein obendrein. Sie erhielten ihr eigenes Schlafzimmer mit zwei großen Betten, mit Federdecken und Kissen bis an die Decke.

Am nächsten Morgen standen die Fremdlinge frühzeitig auf; die Hofbewohner baten sie, doch die Feiertage über dazubleiben; aber die Fremdlinge sagten, sie müssten fort: Sie wollten noch zur Kirche und dann von dort aus weitergehen. Der Hofherr ließ darauf seinen Staatswagen anspannen: Sie dürften nicht zur Kirche gehen, sie müssten durchaus fahren. Sie bedankten sich, und als sie abfahren sollten, sagte der eine der Fremden zu dem Wirte und der Wirtin, sie wüssten nicht, wie sie ihnen dafür lohnen sollten, dass sie so glänzend traktiert worden; Geld hätten sie leider nicht. – »Aber das ist wahr«, sagte er, »hatte der Ochse Hörner?« – »Ja, das hatte er allerdings«, sagte der Mann; – er hätte nämlich von den Häuslern gehört, was für Gespräche voriges Jahr geführt worden waren, und so verstand er gleich, worauf dies hinauslief. – »Wie viele Hörner hatte er?«, frug nun der Fremde. Die Frau zupfte den Mann am Ärmel und sagte: »Sage vier!« Da antwortete der Mann, der Ochse habe vier Hörner gehabt. »Dann sollen euch auch vier Wünsche erfüllt werden«, sagte der Fremde; »jedem von euch mögen zwei freistehen.« Und dann stiegen sie in den Wagen, und die Häusler fuhren bei der Gelegenheit auch mit zur Kirche. Der Hofherr fuhr selbst; er beeilte sich nach Möglichkeit, um recht bald wieder zu Hause sein zu können. Dann würden er und seine Frau sich über ihre vier Wünsche verständigen. Sie könnten dann ja alles bekommen, was ihr Herz begehrte.

Sobald er die Fremdlinge und die Häusler an der Kirche abgesetzt hatte, ließ er sich denn auch keine Zeit, dem Gottesdienste beizuwohnen, sondern kehrte gleich um und peitschte auf die Pferde, um so rasch wie möglich nach Hause zu kommen. Aber da strauchelt das eine Pferd und zerreißt den Strang. »Den Henker auch!«, sagt er, und er muss absteigen, um den Strang wieder zu befestigen. Dann fährt er wieder weiter. Aber es dauert nicht lange, da strauchelt auch das andere Pferd. »Hol euch beide der Teufel!«, sagt der Mann. Und kaum hat er das gesagt, wupps, sind beide Pferde verschwunden, und er sitzt auf dem Wagen mit den Zügeln in der Hand. Es blieb nichts anderes übrig, als den Wagen stehen zu lassen und die Reise zu Fuß fortzusetzen. Der eine Wunsch war also in Rauch aufgegangen. Aber das nahm er sich nicht weiter zu Herzen, da er bedachte, dass ihnen noch drei Wünsche blieben. Sie konnten ja leicht so viele Pferde, wie sie wollten, und alle sonstigen guten Dinge dazu erhalten. Er marschierte also getrost aus der Landstraße dahin.

Mittlerweile geht die Frau im Hause umher und wartet und wartet. Sie sehnte sich von Herzen, dass ihr Mann kommen möge, damit sie mit dem Wünschen beginnen könnten. Sie geht hinaus und späht die Straße entlang; aber die Zeit verstreicht, und er kommt nicht. »Ach, wäre er doch da, der Nölpeter!«, sagt sie, und in demselben Augenblick steht er vor ihr. »Oh weh!«, sagte sie, »da hab' ich den einen Wunsch verscherzt! – Aber du kommst ja angestiefelt wie ein rechter Pracher«, sagte sie; »wo hast du Wagen und Pferde gelassen?« – »Ja, das ist deine Schuld«, sagte der Mann; »ich habe meine Prachtpferde zur Hölle gewünscht. Es ist kein Glück bei solchem Betrug. Du warst es, die mir einblies, dass der Ochse vier Hörner gehabt hätte. Mir wäre es schon recht, wenn dir die beiden erlogenen Hörner im Genick säßen!« Wupps, da saßen sie auch.

Jetzt hatten sie also drei von ihren vier Wünschen erfüllt bekommen, und es war nur noch einer übrig, welcher der Frau zukam. Da begann der Mann ihr freundlich zuzureden und sagte: »Liebes Frauchen! Wende jetzt deinen Wunsch gut an und wünsche uns einen ungeheuren Haufen Geld! Dann kann ja alles noch gut werden.« – »Nein, danke schön«, sagte die Frau, »und ich sollte dann bis an meinen Sterbetag mit den Hörnern herumlaufen!« Das wollte sie nicht, und so wünschte sie sogleich die beiden Hörner zum Teufel. Die waren denn auch auf der Stelle fort. Aber die Hofbesitzer waren mit all ihren Wünschen nicht reicher, sondern nur um ein Paar gute Pferde ärmer geworden.

11.
Dezember

Das Weihnachtsland

Heinrich Seidel

WERNER UND ANNA

Im letzten Hause des Dorfes, gerade dort, wo schon der
große Wald anfängt, wohnte eine arme Witwe mit ihren
zwei Kindern Werner und Anna. Das wenige, das in
ihrem Garten und auf dem kleinen Ackerstück wuchs,
die Milch, die ihre einzige Ziege gab, und das geringe
Geld, das sie durch ihre Arbeit erwarb, reichte gerade
hin, um die kleine Familie zu ernähren, und auch die Kinder durften nicht feiern, sondern mussten solche Arbeit
leisten, wie sie in ihren Kräften stand. Sie taten das auch
willig und gern und betrachteten diese Tätigkeit als ein
Vergnügen, zumal da sie dabei den herrlichen Wald nach
allen Richtungen durchstreifen konnten.

Im Frühling sammelten sie die goldenen Schlüssel-
blumen und die blauen Anemonen zum Verkauf in der
Stadt, und später die Maiglöckchen, die mit süßem Duft
aus den mit welkem Laub bedeckten Hügelabhängen des
Buchenwaldes emporwuchsen. Dann war auch der Wald-
meister da mit seinen niedlichen Bäumchen, die gepflückt werden mussten, ehe sich die zierlichen, weißen
Blümchen hervortaten, damit seine Kraft und Würze fein
in ihm verbliebe. Sie wanden zierliche Kränze daraus,
denen noch, wenn sie schon vertrocknet waren, ein
süßer Waldesduft entströmte, oder banden ihn in kleine
Büschel, die die vornehmen Stadtleute in den Wein taten,

auf dass ihm die taufrische Würze des jungen Frühlings zuteilwerde.

Später schimmerten dann die Erdbeeren rot unter dem niedrigen Kraut hervor, und während nun die Kinder der reicheren Eltern in den Wald liefen und fröhlich an der reich besetzten Sommertafel schmausten oder höchstens zur Kurzweil ein Beerensträußlein pflückten, um es der Mutter mitzubringen, saßen Werner und Anna und sammelten fleißig »die guten ins Töpfchen, die schlechten ins Kröpfchen«. Aber sie waren fröhlich dabei und guter Dinge, pflückten um die Wette und sangen dazu.

Noch späterhin wurden auf dem bemoosten Grunde des Tannenwaldes die Heidelbeeren reif und standen unter den großen Bäumen als kleine Zwergenwälder beieinander, indem sie mit ihren dunklen Früchten wie niedliche Pflaumenbäumchen anzusehen waren. Auch diese sammelten sie mit blauen Fingern und fröhlichem Gemüt in ihre Töpfe, und dann ging's ins Moor, wo die Preiselbeeren standen, die so zierliche Blüten wie kleine, rosig angehauchte Porzellanglöckchen und Früchte rot wie Korallen haben und eingemacht über die Maßen gut zu Apfelmus schmecken.

Von der alten Liese, die alle Tage mit einem baufälligen Rösslein und einem Wagen voll Gemüse und dergleichen in die Stadt fuhr und für die Kinder verkaufte, was sie gesammelt hatten, lernten sie noch manches kennen, was die Stadtleute lieben und gern für ein paar Pfennige erwerben. So suchten sie in der Zwischenzeit allerlei zierliche Moose und Flechten, wie sie in trockenen Kiefernwäldern mannigfaltig den Boden bedecken und sich mit sonderlichen und zierlichen Gestaltungen bescheiden hervortun. Da fanden sie solche rot und ästig wie kleine Korallen und andere, die einem Haufen kleiner Tannenbäumchen glichen. Aus wieder anderen wuchsen die Blütenorgane gleich kleinen Trompetchen oder spitzen Kaufmannstüten hervor, während noch wieder andere kleine Keulen emporstreckten, die mit einem Knopf wie von rotem Siegellack geschmückt waren. Solches Moos liebten die Stadtleute auf einem Teller freundlich anzuordnen, damit sich ihr Auge, wenn es müde ist, über die große Wüste von Mauern und Steinsäulen zu schweifen, auf einem Stück fröhlichen Waldbodens ausruhen könne.

Unter solchen fleißigen und freudigen Tätigkeiten kam dann der Herbst heran und die Zeit, da die Stürme das trockene Holz von den Bäumen werfen und es günstig ist, die Winterfeuerung einzusammeln, die Zeit, wo sie sich schon zuweilen auf die schönen Winterabende freuten, wenn das Feuer in dem warmen Ofen bullert und sein Widerschein auf dem Fußboden und an den Wänden lustig tanzt, wenn die Bratäpfel im Rohr schmoren und zuweilen nach einem leisen »Paff« lustig aufzischen und die Mutter bei dem behaglichen Schnurren des Spinnrades ein Märchen erzählt.

Unter solchen Gedanken schleppten sie fröhlich Tag für Tag ihr Bündelchen Holz heim und türmten so allmählich neben der Hütte ein stattliches Gebirge auf.

Zuweilen hing auch ein Beutel mit Nüssen an dem Bündel; diese holten sie gelegentlich aus dem großen Nussbusch, wo in manchem Jahre so viele wuchsen, dass, wenn man mit einem Stock an den Strauch schlug, die überreifen Früchte wie ein brauner Regen herabprasselten. Wenn sie davon genug mitgebracht hatten, wurden die Nüsse in einen größeren Beutel getan und in den Rauchfang gehängt, um für Weihnachten aufgehoben zu werden. Weihnachten, das war ein ganz besonderes Wort, und die Augen der Kinder leuchteten heller auf bei seinem Klange. Und doch brachte ihnen dieser festliche Tag so wenig. Ein kleines, winziges Bäumchen mit ein paar Lichtern und Äpfeln und selbst gesuchten Nüssen und zwei Pfefferkuchenmännern, darunter für jedes ein Stück warmes Winterzeug und, wenn's hoch kam, ein einfaches, billiges Spielzeug oder eine neue Schiefertafel, das war alles. Doch von den wenigen kleinen Lichtern und von dem goldenen Stern an der Spitze des Bäumchens ging ein Leuchten aus, das seinen traulichen Schein durch das ganze Jahr verbreitete und dessen Abglanz in den Augen der Kinder jedes Mal aufleuchtete, wenn das Wort Weihnachten nur genannt wurde.

Als es nun Winter geworden war und sie eines Abends behaglich um den Ofen saßen und die Mutter gerade eine schöne Weihnachtsgeschichte erzählt hatte, sah der kleine Werner eine ganze Weile ganz nachdenklich aus und fragte dann plötzlich: »Mutter, wo wohnt denn der Weihnachtsmann?«

Die Mutter antwortete, indem sie den feinen Faden

durch die Finger gleiten ließ und das Spinnrad munter dazu schnurrte: »Der Weihnachtsmann? Hinter dem Walde in den Bergen. Aber niemand weiß den Weg zu ihm; wer ihn sucht, rennt vergebens in der Runde, und die kleinen Vögel in den Bäumen hüpfen von Zweig zu Zweig und lachen ihn aus. In den Bergen hat der Weihnachtsmann seine Gärten, seine Hallen und seine Bergwerke, dort arbeiten seine fleißigen Gesellen Tag und Nacht an lauter schönen Weihnachtsdingen, in den Gärten wachsen die silbernen und goldenen Äpfel und Nüsse und die herrlichsten Marzipanfrüchte, und in den Hallen sind die schönsten Spielsachen der Welt zu Tausenden aufgestapelt.«

Diese Geschichte kam Werner nicht wieder aus dem Sinn, und er dachte es sich herrlich, wenn es ihm gelingen könnte, den Weg zu diesem Wunderlande zu entdecken. Einmal war er bis in die Berge gelangt und war dort lange umhergestreift, allein er hatte nichts gefunden als Täler und Hügel und Bäume wie überall. Die Bäche, die dort liefen, schwatzten und plauderten wie alle Bäche, allein, sie verrieten ihr Geheimnis nicht, die Spechte hackten und klopften dort wie anderswo im Walde auch und flogen davon, und an den Eichhörnchen, die eilig die Bäume hinauf kletterten, war auch nichts Besonderes zu sehen.

Wenn ihm nur jemand hätte sagen können, wie der Weg in das wunderbare Weihnachtsland zu finden sei, er hätte das Abenteuer wohl bestehen wollen. Aber die Leute, die er danach fragte, lachten ihn aus, und als er deshalb der Mutter seine Not klagte, da lachte sie auch und sagte, das solle er sich nur aus dem Sinne schlagen, was sie ihm damals erzählt habe, sei ein Märchen gewesen wie andere auch.

Aber der kleine Werner konnte die Geschichte doch nicht aus seinen Gedanken bringen, obgleich er nun niemand mehr danach fragte. Nur mit der kleinen Anna sprach er zuweilen beim Holzsammeln davon, und beide malten sich schöne Traumbilder aus von den Herrlichkeiten des wunderbaren Weihnachtslandes.

DER KLEINE VOGEL

An einem Morgen kurz vor Weihnachten nahm Werner das Küchenbeil über die Schulter und ging allein in den Wald, denn der Förster, der den Knaben gern sah, hatte ihm auch in diesem Jahre wieder erlaubt, sich selbst ein Tannenbäumchen für den Weihnachtsabend abzuhauen. Ausgesucht hatten die Kinder sich dieses schon lange und waren nach vielem Beraten und Erwägen einig geworden, dass im ganzen Walde kein schöneres zu finden sei. Es stand ziemlich weit draußen ganz allein unter dem Schutz einer einzelnen alten Buche und war so nett und zierlich gewachsen, dass es eine wahre Freude war.

Es war ein schöner milder Wintertag, die Sonne schien vom unbewölkten Himmel, und der Waldboden war mit ein wenig Schnee wie mit Streuzucker gepudert, so recht ein Tag für die kleinen Waldvögel, die im Winter bei uns bleiben. Man hörte in der stillen Luft überall das muntere Zwitschern und Locken der Meisen und Goldhähnchen, die sich in kleinen Scharen in den Wipfeln umhertrieben und die feinen Zweiglein und Äste der Bäume gar emsig absuchten.

Als Werner bei der alten Buche und dem Tannenbäumchen angelangt war, setzte er sich eine Weile auf einen Baumstumpf, um sich auszuruhen. Rings war es so still wie in einer einsamen Kirche, nur ein Bächlein ging mit leisem Plätschern und dunklem Gewässer durch seine beschneiten Ufer hin, und aus der Ferne kam zuweilen der scharfe Schrei eines Hähers. Er verfiel wieder in seine alten Träumereien über das wunderbare Weihnachtsland, und die Sehnsucht nach diesen Herrlichkeiten bemächtigte sich seiner so, dass er vor sich hin rief: »Ach, wer mir doch den Weg sagen könnte ins Weihnachtsland!«

Da ging ein lautes Getön durch die Wellen des Baches, wie ein rieselndes Gelächter, eine Waldmaus guckte aus ihrer Höhle am Stamm und kicherte mit feiner Stimme, und im Wipfel der alten Buche wiegte und wogte es, als schüttle sie den Kopf über solcherlei Torheit. In dem kleinen Tannenbaum, der vor ihm stand, zwitscherte es aber plötzlich fein und vernehmlich; es war eine Blaumeise, die von Zweig zu Zweig hüpfte, bald oben saß, bald unten hing und dazu fortwährend ihren Ruf erklingen ließ: »Ich weiß! Ich weiß!«

»Was weißt du?«, fragte Werner.

Der kleine Vogel warf sich rücklings von einem Zweig, schoss auf possierliche Art in der Luft Kobolz und saß dann wieder und rief: »Ich weiß den Weg! Ich weiß den Weg!«

»So zeig ihn mir!«, sagte Werner rasch.

Nun fing der kleine Vogel wieder ein feines Gezwitscher an, aber der Knabe verstand alles: »Bist gut gewesen!«, sagte er. »Hast mir die Kinderchen beschützt, meine zehn kleinen Kinderchen! Ich weiß den Weg, ich zeig ihn dir! Fix! Fix!«

Damit flog das Tierchen auf den nächsten Strauch und weiter, und Werner folgte ihm. Er hatte die Rede des Vogels anfangs nur halb begriffen, doch zuletzt fiel es ihm ein, dass es eine Blaumeise gewesen war, durch deren ängstliches Geschrei er in dem vergangenen Frühjahr zu der alten Buche gelockt wurde. Dort sah er, wie ein Häher vor dem Baumloche saß, in dem ihr Nest war, im Begriff, die kleinen, nackten Meisenjungen herauszuholen, um sie zu verzehren, indes die Mutter mit ihren schwachen Kräften unter jämmerlichem Schreien ihre Brut zu verteidigen suchte. Schnell hob er einen Stein auf und warf so glücklich, dass der Häher zu Tode getroffen zu Boden fiel.

Nun wollte sich die kleine Blaumeise in ihrer Art dankbar beweisen. Sie flog immer von Busch zu Busch vor ihm her, dem Laufe des Baches entgegen, der aus den Bergen kam. Bald hob sich der Boden, und der Bach plätscherte lauter zu Werners Füßen dahin; dann gelangte er in ein ansteigendes Tal, das sich immer mehr verengte, indes die Seitenwände steiler wurden, und zuletzt, als der Bach plötzlich um einen Felsvorsprung bog, sah Werner vor sich eine glatte Steinwand, die hoch aufragte und oben mit mächtigen Tannen gekrönt war. Der kleine Vogel war plötzlich verschwunden, doch tönte seine Stimme von oben, in der Ferne verhallend: »Gleich! Gleich!«

Werner setzte sich auf einen Felsblock und betrachtete die Steinwand. Sie war glatt und ohne Fugen und mit Moos und bunten Flechten bewachsen; sonst war nichts an ihr zu sehen. So saß er und wartete. Der Bach schoss unablässig plätschernd zur Seite, aus einem Felsenspalt und aus den Tannenwipfeln kam das eintönige Singen der Zweige, sonst war kein Laut ringsum vernehmbar. Endlich hörte er ein leises Flattern über sich, und eine Haselnuss fiel vor seine Füße. »Nimm! Nimm!«, rief der kleine Vogel. »Beiß auf! Beiß auf!«

Werner nahm die Nuss und betrachtete sie. Es war nichts Besonderes an ihr zu sehen, aber wenn man sie schüttelte, so klapperte es, als sei etwas Hartes eingeschlossen. Er knackte sie auf und fand einen zierlichen, goldenen Schlüssel darin. Unterdes war der kleine Vogel an die Steinwand geflogen, hatte sich dort mit seinen feinen Füßchen festgekrallt und pickte so emsig zwischen den Flechten herum, dass die Stückchen davonflogen. Endlich rief er: »Hier! Hier!«

Werner trat hinzu und bemerkte nun ein kleines, mit Silber eingefasstes Schlüsselloch. Der goldene Schlüssel passte ganz genau hinein, und als Werner ihn umdrehte, da ging ein merkwürdig feines Klingen durch die Steinwand, und es tat sich ganz von selbst eine schwere Tür auf, die so genau in ihren Rahmen passte, als sei sie eingeschliffen. Zugleich strömte eine warme, bläuliche Luft aus der Öffnung hervor, und es verbreitete sich ein Duft nach ausgeblasenen Wachskerzen und angesengten Tannennadeln.

»Oh, wie riecht das nach Weihnachten!«, sagte der kleine Werner.

Der Vogel aber rief: »Hinein! Hinein! Fix! Fix!«

Kaum hatte Werner, dem doch etwas ängstlich zumute war, ein paar Schritte in den dunklen Gang hinein gemacht, so fühlte er hinter sich einen Luftzug, und plötzlich war es ganz finster, denn die Tür hatte sich lautlos wieder geschlossen. Nun sank ihm doch ein wenig der Mut, da jede Rückkehr ausgeschlossen war, aber da er zugleich einsah, dass Zittern und Zagen hier nichts half, so tappte er entschlossen in dem finsteren Gange weiter.

DAS WEIHNACHTSLAND

Bald wurde es heller vor ihm, und dann trat er hinaus in eine wunderliche Gegend, wie er solche noch niemals gesehen hatte. Es war dort warm, doch war es nicht Sommerwärme, die ihm entgegenschlug, sondern eine Luft, wie sie in geheizten Stuben zu sein pflegt, angefüllt mit allerlei süßen Düften. Auch schien keine Sonne vom Himmel, und doch war überall eine gleichmäßige Helle verbreitet. Von der Gegend selbst sah er nicht viel, denn hinter ihm stand die hohe Felsenwand, durch die er hereingekommen war, und ringsum verdeckten die Aussicht viele hochgewachsene Sträucher, an denen die seltsamsten Früchte wuchsen.

Als er verwundert und staunend zwischen diesen Gewächsen einherschritt, fand er bald eine breite Allee, die auf ein fernes Gebäude zuführte. Zu beiden Seiten war sie mit großen Apfelbäumen eingefasst, auf denen goldene und silberne Äpfel wuchsen. Alte, gnomenartige Männer mit eisgrauen Bärten und schöne junge Kinder waren eifrig beschäftigt, sie zu pflücken und in großen Körben zu sammeln, deren viele schon mit ihrer schimmernden Last ganz gefüllt dastanden. Keiner von diesen Leuten achtete aber auf den kleinen Werner, der unter steter Verwunderung auf das Gebäude im Hintergrunde, das sich jetzt als ein großes Schloss mit ragenden Türmen und vergoldeten Kuppeln und Dächern darstellte, zuschritt. An den Seiten des Weges lagen viele Felder, die in Beete geteilt und mit niedrigen Gewächsen bestanden waren. Auch hier herrschte überall eine emsige Tätigkeit, einzusammeln und zu ernten, und auf den einzelnen Feldern, die sich je nach der Art ihrer Gewächse in verschiedenen Farben hervorhoben, waren überall zierliche, bunte Gestalten zu sehen, die kleine, zweiräderige Karren, mit goldfarbigen, zottigen Pferdchen bespannt, fleißig beluden.

Als sich Werner dem Schloss näherte, fiel ihm auf, dass sich ein Duft nach Honigkuchen immer stärker verbreitete, und als er näher zusah, bemerkte er, dass das ganze Schloss aus diesem süßen Stoff erbaut war. Der Unterbau bestand aus groben Blöcken und die Wandflächen aus glatten Tafeln, die durch eingedrückte Mandeln und Zitronat mit den herrlichsten Ornamenten verziert waren. Und die köstlichsten Reliefs aus Marzipan, die überall eingelassen waren, die Balustraden und Galerien und Balkone aus Zuckerguss, die prächtigen Statuen aus Schokolade, die in vergoldeten Nischen standen, und die schimmernden bunten Fenster, zusammengesetzt aus durchsichtigen Bonbontafeln, fürwahr, das war ein Schloss, so recht zum Anbeißen schön.

An der kunstreichen Eingangstür war der Knopf eines Klingelzuges von durchsichtigem Zucker angebracht; der kleine Werner fasste Mut und zog kräftig daran. Aber kein Glockenton erschallte, sondern es schrie inwendig so laut »Kikeriki!«, dass der Knabe erschrocken zurücktrat. Dann wiederholte sich der Ruf wie ein Echo mehrmals immer ferner und leiser im Inneren des Gebäudes, und dann war es still. Jetzt taten sich leise die Türflügel auseinander, und in der Öffnung erschien eine sonderbare Persönlichkeit, die Werner, wenn sie nicht gelebt und sich bewegt hätte, unbedingt für einen großen Hampelmann angesehen haben würde.

»Potz Knittergold!«, sagte diese lustige Person, »Besuch? Das ist ja ein merkwürdiger Vorfall!« Und damit schlug er aus Verwunderung oder Vergnügen ein paarmal sämtliche Gliedmaßen über dem Kopf zusammen, sodass es beinahe schauderhaft anzusehen war. Sodann fragte er, indem Arme und Beine fortwährend hin und her schlenkerten: »Was willst du denn, mein Junge?«

»Wohnt hier der Weihnachtsmann?«, fragte der kleine Werner.

»Gewiss«, sagte der Hampelmann, »und Ihro Gnaden sind zu Hause, aber sehr beschäftigt, sehr beschäftigt!« Damit forderte er den Kleinen auf, ihm zu folgen, indem er sich in seltsamer Weise unter unablässigem Schlenkern seitwärts fortbewegte, denn anders ließ es die eigentümliche Beschaffenheit seiner Gliedmaßen nicht zu. Er führte den Knaben durch einen Vorsaal, dessen Wände aus Marzipan bestanden und dessen Decke von Säulen aus polierter Schokolade getragen wurde, an eine Tür, vor der zwei riesige Nussknacker in großer Uniform und mit ungeheuren Bärenmützen Wache standen, ließ ihn hier warten und ging hinein.

Die Nussknacker betrachteten unterdes den kleinen Werner mit großen, lackierten Augen, schielten sich dann unter einem unbeschreiblich hölzernen Grinsen gegenseitig an, und dabei gluckerte es in ihnen, als ob sie mit dem Magen lachten. Nun kam der Hampelmann wieder heraus, machte von seitwärts eine sehr schöne Verbeugung und sagte: »Der gnädige Herr lässt bitten!« Da ruckten sich die Nussknacker zusammen und schlugen mit den Zähnen einen Wirbel, der ganz außerordentlich war.

Als der kleine Werner in das Zimmer des Weihnachtsmannes eintrat, erstaunte er sehr, denn dieser sah nicht im Mindesten so aus, wie er sich ihn vorgestellt und wie er ihn auf Bildern abgemalt gesehen hatte. Zwar besaß er einen schönen, langen, weißen Bart, wie es sich gehört, allein auf dem Kopfe trug er ein blaues, mit Gold gesticktes Hauskäppchen, und sonst war er gekleidet in einen langen Schlafrock von gelber Seide und saß vor einem großen Buch und schrieb. Aber dieser Schlafrock war mit so wunderbarer Stickerei bedeckt, dass man ihn wie ein Bilderbuch betrachten konnte. Darauf waren zu sehen: Puppen und Hanswürste und sämtliche Tiere aus der Arche Noahs, Trommeln, Pfeifen, Violinen, Trompeten, Kränze und Kringel und Sonne, Mond und Sterne.

Der Weihnachtsmann legte seine Feder weg und sagte: »Wie kommst du hierher, Junge?«

Werner antwortete: »Der kleine Vogel hat mir den Weg gezeigt.«

»Seit hundert Jahren ist kein Besuch hier gewesen«, sagte der Weihnachtsmann sodann, »und dieser kleine Bengel bringt es fertig? Na, dafür sollst du auch alles sehen. Ich habe zwar keine Zeit, aber meine Tochter soll dir alles zeigen. Goldflämmchen, komm mal her«, rief er dann, »wir haben Besuch!«

Da raschelte und flitterte es im Nebenzimmer, und ein schönes kleines Mädchen sprang in die Stube, das hatte ein Kleidchen von Rauschgold an und flimmerte und blinkte am ganzen Leibe. Es trug ein goldenes Flitterkrönchen auf dem Kopfe, und auf dessen oberster Spitze saß ein leuchtendes Flämmchen.

»Ei, das ist hübsch!«, sagte das Mädchen, nahm den kleinen Werner bei der Hand und rief: »Komm mit, fremder Junge!«, und lief mit ihm zur Tür hinaus.

DAS WEIHNACHTSLAGER

Sie gelangten in einen großen Gang, und dort war eine lange Reihe von hölzernen Rollpferden angebunden, Schimmel, Braune, Füchse und Rappen.

»Nun such dir eins aus!«, sagte Goldflämmchen.

Werner wählte einen schönen lackierten Grauschimmel, der auf dem Hinterteil gar herrlich mit apfelähnlichen Flecken geziert war, und Goldflämmchen bestieg einen spiegelblanken Rappen. »Hüh!«, rief sie dann, und – schnurr – rollten die Pferdchen mit ihnen davon, den Gang entlang, dass dem kleinen Werner die Haare flogen und das Flämmchen auf der Flitterkrone des Mädchens lang zurückwehte.

Als sie an die Tür am Ende kamen, rief sie: »Holla!« Da tat sich diese von selbst auf, und sie sausten hindurch in einen großen Saal hinein, in dessen Mitte sie anhielten. Sie stiegen von ihren Rösslein, und Goldflämmchen sagte: »Dieser Saal ist der Bleisaal.« An den Wänden zogen sich bis an die Decke hinauf offene Wandschränke mit Borden über Borden hin, und darauf standen, in Schachteln verpackt, unzählige Heere von Jagden, Schäfereien, Schlittenpartien, Menagerien und was es aus Blei nur alles gibt. Kleine, schwarzbärtige Zwerge stiegen eilfertig auf den Leitern auf und ab und luden die Schachteln auf Karren, die sie hinausrollten, um draußen größere Wagen damit zu befrachten. Als sie Werner und Goldflämmchen erblickten, rollten sie schnell ein paar Lehnstühle von Goldbrokat herbei, und Goldflämmchen rief: »Es soll gleich eine große Parade sein!«

Sie setzten sich und hatten kaum eine halbe Minute gewartet, da ging's »Trari, Trara!« unter dem einen Wandschrank, und Hirsche, Hase und Füchse brachen hervor, hinterher die kläffende Hundemeute und die Jäger zu Pferde mit Hussa, Hörnerklang und Peitschenknall. Dann flimmerte es auf einmal in der Luft, und feiner Schnee fiel hernieder.

Als der Boden weiß bedeckt war, kam mit lustigem Schellengeklingel eine Schlittenpartie zum Vorschein und sauste vorüber. Die Vorderteile der Schlitten waren gebildet wie Schwäne, Löwen, Tiger und Drachen, und darin saßen Herren und Damen in schönen Pelzen, und wenn sie vorüberkamen, warfen sie mit kleinen Schnee-bällen, die Damen nach Werner und die Herren nach Goldflämmchen. Wenn man einen solchen Schneeball aber näher besah, da war es eine Zuckererbse, in Seiden-papier gewickelt.

Der Schnee verlor sich wieder, und mit lieblichem Glockengeläut zogen nun Hirten und Hirtinnen mit ihren Herden vorüber, dann niedliche Gärtnerinnen mit Früchten und Blumenkränzen, dann Zigeuner, Musikan-ten, Drahtbinder, Seiltänzer, Kunstreiter und solcherlei fahrendes Volk und zuletzt Herr Hagenbeck aus Ham-burg mit einer afrikanischen Tierkarawane, mit Giraffen, Elefanten, Nilpferden, Nashörnern, Zebras und Anti-lopen. Die Löwen und Panther fuhren in Käfigen auf kleinen Wagen hinterher und brüllten ungemein, da sie wahrscheinlich der Ansicht waren, sie brauchten sich dergleichen nicht gefallen zu lassen.

Nach Beendigung dieser lustigen Parade bestiegen die beiden Kinder wieder ihre Rösslein und fuhren weiter. Es war ungeheuer, was der kleine Werner alles zu sehen be-kam. Den großen Puppensaal, aus dem er sich nicht viel machte und von dem er nur wünschte, dass Anna ihn

sehen möchte, das Theatermagazin, in dem auf Gold-
flämmchens Geheiß gleichzeitig in tausend Theatern
tausend verschiedene Stücke gespielt wurden, was ein
erbärmliches Spektakel abgab, den Baukastenspeicher,
das Lager musikalischer Instrumente, das Magazin höl-
zerner Tiere, die Bilderbücherei, den Malkastenboden,
den Wachslichtersaal und dergleichen mehr, sodass er
ganz ermüdet war, als sie endlich in der großen Marzipan-
niederlage anlangten.

»Nun wollen wir essen«, sagte Goldflämmchen. Sofort
schleppten sechs kleine Konditorburschen in weißen
Jacken und Schürzen und breiten, weißen Mützen einen
Tisch herbei, deckten ihn und besetzten ihn in großer
Geschwindigkeit mit den herrlichsten Gerichten. So
etwas hatte der kleine Werner noch niemals vor seinen
Schnabel bekommen. Da waren Leipziger Lerchen von
Marzipan, inwendig mit Nusscreme gefüllt, Quitten-
würste, Schinken von rosigem Schmelzzucker, Pastet-
chen mit Erdbeermus und unzählige Sorten eingezucker-
ter Früchte. Dazu tranken sie Ananaslimonade, die mit
feiner Vanillecreme bedeckt war, und hinter ihnen standen immer die sechs kleinen Konditorburschen, bereit,
auf jeden Wunsch zu springen und das Verlangte zu
holen. Zum Nachtisch gab es, wie Goldflämmchen besonders bemerkte, etwas ganz Extrafeines, nämlich trocke-
nes Schwarzbrot und Berliner Kuhkäse. Solche gewöhn-
lichen Gerichte waren nämlich in diesem Lande so selten
und so schwer zu haben, dass sie für die allerschönsten
Delikatessen galten.

Nach dem Essen wurden die Holzpferde wieder vorgeführt, und Goldflämmchen sagte: »So, nun geht's in die Bergwerke!« Sie stiegen auf und sausten auf den vortrefflichen Tieren zum nächsten Tore hinaus.

DIE BERGWERKE

Sie ritten durch Felder dahin, auf denen die herrlichsten Früchte und Gemüse wuchsen, die alle aus Marzipan, Schmelzzucker oder Schokolade mit Creme gefüllt bestanden, und sie ritten mit sausender Eile durch herrliche Alleen von Obstbäumen auf das Gebirge zu, das teils mit weißen, glänzenden Abhängen, wie Kreidefelsen, teils finster und dunkel, als wenn es aus Basalt bestände, vor ihnen lag. Aber die Kuppen der fast schwarzen Berge waren ebenfalls glänzend weiß, als seien sie beschneit.

»Du denkst wohl, dort liegt Schnee?«, sagte Goldflämmchen. »Wenn es hier schneit, dann schneit es nur Streuzucker.«

Endlich sah Werner eine hohe, abgestufte, weiß glänzende Felsenwand vor sich liegen, an der Hunderte von Arbeitern in allen Stockwerken mit Pochen und Hämmern fleißig beschäftigt waren. Sie ritten dicht heran und stiegen dann ab. »Dies ist der große Zuckerbruch«, sagte Goldflämmchen. »Diese ganzen Felsen bestehen aus dem schönsten weißen Kolonialzucker.«

Ganz in der Nähe war der Eingang einer Höhle sichtbar, und als sich ihr Werner und Goldflämmchen näherten, liefen eilfertig einige von den Bergleuten herbei, zündeten Fackeln an und leuchteten ihnen. Sie schritten tief in den Berg hinein, die Wände schimmerten und blitzten im Widerschein des Fackellichtes, und plötzlich traten sie hinaus in einen mächtigen Hohlraum, dessen Wände dicht mit riesenhaften Kristallen von durchsichtigem Kandiszucker bedeckt waren und im Lichte der Fackeln prächtig flammten und blitzten.

»Die große Kandishöhle!«, sagte Goldflämmchen. Sie schritten hindurch und kamen an einen Ort, wo die Bergleute fleißig hämmerten und pochten und neue Gänge in das Gebirge trieben. »Diese suchen nach Schmelzzucker«, sagte Goldflämmchen. »Der kommt in dieser Gegend in großen Nestern eingesprengt vor. Wenn sie ein solches finden, so holen sie ihn mit großen Löffeln heraus.«

Plötzlich, als sie noch weiter vordrangen, veränderte sich auf einen Schlag das Gebirge. Statt weiß und glänzend sah es matt und dunkelbraun aus und roch nach Vanille. »Wir kommen in die Schokolade«, erklärte Goldflämmchen.

Hier waren viele Leute geschäftig und hatten wie in einem Salzbergwerk große Hallen herausgebrochen, in denen nur einzelne Pfeiler stehen geblieben waren. Die feinste Vanilleschokolade gab es nämlich nur im Innern des Berges, während der Tagebau draußen bloß Gewürzschokolade lieferte. Als sie dort endlich wieder ins Freie traten, bemerkte Werner einen rauschenden Bach, der aus einer Schlucht des Gebirges hervorkam und dem Tale zuströmte, wo er Mühlen trieb, die die Schokoladenblöcke in Tafeln zersägten. »Willst du mal trinken?«, fragte Goldflämmchen, »es schmeckt gut, es ist eitel Likör.«

Der kleine Werner hatte einen mächtigen Durst bekommen von den vielen Süßigkeiten, die er genossen und gesehen hatte, und aus dem Bache stieg ein so frischer, verlockender Duft auf, dass er den Becher eilig ergriff, den ihm ein gefälliger Bergmann reichte, und ihn auf einen Zug austrank. Aber kaum hatte er ihn geleert, da fing die Welt an, in höchst sonderbarer Weise um ihn herumzugehen. Er sah zwei Goldflämmchen, vier Goldflämmchen, hundert Goldflämmchen, die vor seinen Augen flimmerten und blitzten und schließlich zu einem leuchtenden Schein zusammenflossen, und in diese goldene Flut hinein schwamm seine Besinnung und war weg.

SCHLUSS

Der erste Ton, den der kleine Werner wieder vernahm, war das Zirpen einer Blaumeise. Er bemerkte mit Verwunderung, dass er auf dem Baumstumpf unter der alten Buche saß, vor sich den kleinen Tannenbaum. Die Blaumeise zirpte und hüpfte wie vorhin in den Tannenzweigen, allein Werner verstand nicht mehr, was sie sagte. Dann flog sie empor und verlor sich in dem Gezweige der Buche.

Mit Schrecken fiel ihm jetzt ein, dass es bald Abend sein müsse und seine Mutter gewiss schon voller Angst auf ihn gewartet habe. Allein, als er nach dem Stande der Sonne blickte, ward er mit Erstaunen gewahr, dass kaum eine Viertelstunde vergangen sein konnte, seit er diesen Ort verlassen hatte. Er konnte sich dies verwunderliche Ding nicht erklären. Da er jedoch zu begierig war, seiner Mutter und der kleinen Anna seine sonderbaren Erlebnisse mitzuteilen, so hieb er schnell den Tannenbaum ab und begab sich, so schnell er es mit seiner Last vermochte, nach Hause.

Als er hier mit glänzenden Augen und fliegender Hast alles erzählt hatte, ward seine Mutter ganz böse und sagte, er solle sich nicht unterstehen und noch einmal bei solchem Wetter im Walde einschlafen; wenn es nur etwas kälter gewesen wäre, hätte er den Tod davon haben können. Hinterher aber schüttelte sie den Kopf und meinte im Stillen: »Wo der Junge nur all das wunderliche Zeug herträumt.«

Anna aber lief dem kleinen Werner, der weinend, dass ihm die Mutter keinen Glauben schenkte, hinausgegangen war, eilends nach und ward nicht müde, ihn auszufragen. Besonders Goldflämmchen und den Puppensaal musste er immer wieder beschreiben, sodass er ganz getröstet wurde und die Geschichte noch einmal von vorn erzählte. Er musste sie ihr all die folgenden Tage wer weiß wie oft wiederholen, und einmal gingen beide in den Wald, um den Ort zu suchen, wo der Eingang in das wunderbare Land gewesen war. Allein, ob sie gleich bis an die Stelle vordrangen, wo der kleine Bach aus einer sumpfigen Waldwiese entsprang, nirgends fanden sie einen Ort, der auch nur im Mindesten auf die Beschreibung Werners gepasst hätte, sodass dieser ganz verwirrt und beschämt vor Anna dastand und nicht wusste, wie ihm geschah.

So kam der Weihnachtstag heran. Vorher hatte es zwei Tage mächtig geschneit, sodass die Welt recht weihnachtsmäßig, wie es sein muss, aussah. Es war schon finster geworden, und die Kinder saßen erwartungsvoll in der dunklen Kammer und flüsterten miteinander und horchten auf die Mutter, die in der hellen Weihnachtsstube herumkramte und die kleine, dürftige Bescherung aufbaute. Da kam es von fern auf einmal wie Schlittengeklingel näher und näher heran, und dazwischen knallte lustig eine Peitsche. Nun war es ganz nahe, und plötzlich hielt es an, man hörte die Pferde vor dem Hause stampfen und nur leise noch die Schellen klingen, wenn die Tiere den Kopf bewegten.

»Der Weihnachtsmann! Das ist der Weihnachtsmann!«, rief Werner.

Nun hörten sie Türen gehen und eine Männerstimme sprechen, und plötzlich rief die Mutter: »Kinder, kommt herein, der Onkel ist da!«

Werner und Anna liefen in die Stube und sahen dort einen Mann in großem Reisepelz, der ihnen beide Hände entgegenstreckte und rief: »Kommt her, liebe Kinder!« Dann hob er sie einzeln auf und küsste sie und sagte: »Ihr sollt mit mir kommen in die Stadt und bei mir in meinem großen Hause wohnen. Ich will euer Vater sein und euch zu tüchtigen Menschen erziehen.«

Unterdes ging ein riesiger Kutscher mit einer Pelzmütze, einem langen weißen Bart und einem Mantel mit sieben Kragen immer ab und ab und trug viele große Pakete in die Stube. Als diese später geöffnet wurden, gingen eine Menge der schönsten Dinge daraus hervor, sodass es eine Weihnachtsbescherung gab, wie sie in diesem Hause noch nicht erlebt worden war.

Als später Werner und Anna zu Bette gingen, flüsterte er ihr geheimnisvoll zu: »Weißt du, wer der Kutscher mit der Pelzmütze, dem langen weißen Bart und dem großen Mantel war? Es war der Weihnachtsmann. Ich habe ihn wohl wiedererkannt, und er hat mir mit den Augen zugezwinkert.«

Wie aber war der alte reiche Onkel, der als ein menschenscheuer Geizhals allein lebte und sich niemals um seine arme Schwester und ihre Kinder gekümmert hatte, zu einer solchen guten Tat gekommen? Er hat es nachher selbst erzählt. In der Nacht nach dem Tage, an dem Werner den Weihnachtsmann besucht hatte, hatte der Onkel einen seltsamen Traum gehabt. Ein Mann mit einer blauen Sammetkappe und einem langen weißen Bart stand, in einen goldenen Talar gehüllt, plötzlich vor ihm, schaute ihn mit mächtigen blauen Augen eine Zeit lang durchdringend an und sprach langsam und nachdrücklich: »Konrad Borodin, hast du eine Schwester?«

Da überkam ihn ein solches Gefühl der Angst, dass er nicht zu antworten vermochte. Dann schwand die Erscheinung allmählich hinweg, und nur die Augen waren immer noch drohend auf ihn gerichtet. Diesen Traum hatte er drei Nächte hintereinander gehabt. In der Zwischenzeit wurde er von einer unbeschreiblichen Unruhe in seinem öden und toten Hause umhergetrieben, und immer dröhnte der tiefe, vorwurfsvolle Klang dieser Traumesworte in seinem Ohr. Endlich am Morgen nach der dritten Nacht lief er in die Stadt und kaufte zur großen Verwunderung aller Leute, die seinen früheren Geiz kannten, die herrlichsten Dinge zusammen, bestellte einen Schlitten, packte alles hinein und fuhr ohne Weiteres zu seiner armen Schwester.

Der kleine Werner hat nachher etwas Tüchtiges gelernt und ist ein berühmter und angesehener Mann geworden. Er hat mir diese Geschichte selbst erzählt.

12.

Dezember

Die Mär vom Geiger, der drei Herzen hatte

Aus Flandern

Es war einmal im guten Land Brabant ein Knabe, von dem man sich erzählte, dass er drei Herzen habe statt des einen wie jeder andere Mensch. Schon früh spürte er in seiner Brust andauernd einen stechenden Schmerz und ein Gewicht, dessen Ursache erst viel später ein Arzt entdeckte: Eines Tages, als der Knabe krank war, bemerkte nämlich der Arzt, dass die drei Herzen von reinem, schwerem Gold waren. Das kam ihm gar seltsam vor. Aber man sorgte in der Umgebung des Knaben dafür, dass niemand so wenig wie er selber das wunderbare Begebnis auch nur ahnte.

Dazu kam noch, dass dieser Junge in seiner Art sich sehr unterschied von den Kameraden seines Alters: Er war sehr zart und gutartig und nie zu Gewalt oder lauten Worten geneigt, wie man das gewöhnlich bei Knaben sieht. Wo er Unrecht sah, trachtete er freundlich zuredend den Übeltäter zu bewegen, das Böse wiedergutzumachen. Wer sich einsam fühlte oder Kummer hatte, kam zu ihm. Und es hatte sich verbreitet, dass er überaus mild und freundlich besonders zu den Armen und Bedrückten war.

Den geheimnisvollen Grund dieser wunderbaren Erscheinung kannten nur wenige, aber euch will ich es erzählen: Als er noch ein ganz kleiner Junge war, lief er eines Tages allein durch den Wald, und da, an einem Kreuzpunkt vierer Wege, begegnete er Gott.

116

»Bist du es, Gott?«, fragte er.

»Ich bin es«, antwortete der Herr, und er lächelte, »wer mir einmal ins Antlitz schaut, wird ein ganz neuer Mensch. Schau mich an, und vergiss dein ganzes Leben diesen Augenblick nicht mehr.« Dann beugte die Gestalt sich über ihn und berührte mit dem Finger die Stelle seines Herzens.

Von diesem Augenblick an besaß er die Gabe, wie jung er auch noch war, die tiefsten und verborgensten Geheimnisse des Menschenherzens auf der Geige auszusprechen. Wenn er spielte, brauchte er sich nur an Gottes Antlitz zu erinnern. Und kurz darauf entdeckte nun der Arzt, dass dieser Knabe drei Herzen hatte; drei Herzen von reinem, schwerem Gold.

Er wurde langsam ein Mann und gewann bald großen Ruf. Er spielte vor Königen und Edelleuten; er spielte vor berühmten Meistern, vor reichen, edlen Frauen und Männern der Kunst. Wer ihn einmal hörte, vergaß nie mehr seine Musik: Sie war wie plötzlich aufleuchtender dunkelblauer Edelstein; oder vielleicht waren es große weiße Augen; ein Blitz im Blut; Erschütterungen eines wunderbaren, fremden Glücks, wovon niemand ahnte, ob es eine große Freude war oder ein tiefes Leid. Funken wie Raketen und Feuersprenkel sprühten aus seiner Geige. Eine Wiese glänzte auf mit blühenden Vergissmeinnicht, ein roter Abend leuchtete über dem Land. Es knatterte ein Segel in dem kühlen Morgen; Fanfaren schmetterten hinter den Bergen. Etwas Schwingendes, etwas Loderndes; kühle weiße Gänge, ein ferner Duft von Syringen. Wenn er spielte, war es, als wenn sich eine unendliche Tiefe vor ihm auftat; er kniete vor Gottes Thron. Gottes duftender Atem war über ihm, und Er flüsterte ihm Sein Geheimnis ins Ohr.

Er gewann Geld und Gut mit seinem Spiel, aber er blieb einfach und mild. Er empfing Blumen wie ein Fürst, den man zu Grabe trägt, und Frauen lagen zu seinen Füßen. Aber das Gold verschenkte er an Arme und Krankenhäuser. Die Königin sandte ihm einmal nach einem Konzert den kostbaren Edelstein, der auf ihrer Brust funkelte, aber er gab ihn fort an einen Bettler. Auf seinen Wegen küssten die Frauen seine Hände, und die Kinder umdrängten ihn.

Das währte viele Jahre. Aber da kam eine Zeit, und er fühlte, wie seine Mannesjahre langsam vorübergingen, seine Augen trübten sich, seine Haare wurden weiß, seine Hände begannen zu zittern, und tiefe Runzeln bildeten sich über seinen Augen. Da gab es Tage, an denen er sich unsäglich müde fühlte, an denen er die Noten nicht mehr lesen konnte und seine Hände nicht mehr ihres Weges sicher waren über die Saiten. Es kam eine Zeit, in der der Künstler in Vergessenheit geriet und arm wurde. Aber auf die eine oder andere wunderbare Art schien sein Reichtum nicht abzunehmen; er hatte immer alles, was er gewann, fortgeschenkt; und doch blieb er mild und freigebig wie früher, nun wo das Gold nicht mehr zu ihm strömte. Wie früher gab er auch heute noch mit vollen Händen allen Armen, die zu ihm kamen. Aber niemand vermochte zu ahnen, woher es kam, dass seine

Hand immer aufs Neue gefüllt war, und woher er das Geld nahm, das er so mild verstreute.

Nun müsst ihr gut achtgeben: Nach Jahren geschah es, dass dieser Künstler schwer erkrankte, und der Arzt, der ihn untersuchte, fand, dass sein Herz fast ganz aufgezehrt war; das Stückchen Herz, das ihm noch übrig blieb – ich vergaß zu sagen, dass dieser Doktor nichts von seinem Geheimnis wusste –, das musste er sorglich und umsichtig sparen; es würde ihn sonst leicht das Leben kosten. Ja, nun zeigte es sich, dass er fast drei Mal bedenkenlos sein Herz weggegeben hatte.

Es wurde Herbst, und bald darauf war es Winter. Eine unheimliche Zeit für einen, der alles, was er besaß, und darüber hinaus sein eigenes Herz ohne zu messen und zu rechnen weggeschenkt hat an die anderen. Es war nicht gut für den einsamen alten Geigenspieler, allein zu sein, wenn der Wind am Fenster summte und viele Stimmen riefen draußen in der Nacht.

Jetzt war es Weihnachten, und der alte Geigenspieler saß in seinem einsamen Haus und sann darüber nach, wie es gewesen war, als er in seinen Kinderjahren allein im Walde ging und ihm am Kreuzpunkt von vier Wegen Gott entgegenkam. Es war schwer gewesen, anders zu sein als die anderen, drei Herzen in sich zu tragen, die Leid und Sorge dreifach machten, und die ewige Erinnerung an Gottes Antlitz, das sein Leben lang wie ein Zwang vor ihm gestanden hatte, sobald seine Finger in die Saiten seiner Geige griffen.

Es war Weihnachten, und die Klänge schwangen summend zwischen Himmel und Erde, wie wenn das Herz der Erde pocht. Müde stand der alte Geigenspieler auf und schleppte sich mühsam hinaus in die kühle Nacht, die erfüllt war vom Hämmern der Glocken, die zur Kirche riefen. In der Ferne winkte ihm Gottes leuchtendes Antlitz ernst und mild. Mühsam und keuchend ging er den Weg entlang, an dem er seit Jahren Tag für Tag vorbeizukommen pflegte; nun noch eine Brücke, und dann würde die Kirche dort in der Ferne vor ihm aufleuchten. Eben verwunderte er sich darüber, dass auch heute am Brückenrand in der kalten Dunkelheit dieser Nacht der alte verwahrloste Bettler lag, dem er jeden Tag ein Almosen zu geben pflegte. Aus Gewohnheit tastete er in seine Tasche, als der Mann die Hand ausstreckte, aber er fand nichts; sein letztes Stückchen Gold hatte er schon lange weggegeben, und den winzigen Rest, den er in seiner Brust trug, musste er sorgsam sparen. Sein Leben hing daran.

Er lächelte bei diesem Gedanken. Zum ersten Mal in seinem Leben sollte er jemand ein Almosen versagen. Musste er es eigentlich versagen?, überlegte er; was gab er um das Klümpchen Gold da drinnen? Er war ein alter Mann, müde und verbraucht. Seit Langem erinnerte er sich nicht mehr an Gottes Antlitz; was er besaß, hatte er weggegeben: den Frieden und die Unruhe, die Freude und das Leid, die den Menschen in Besitz nehmen, wenn er in den Bann der Musik gerät – und drei Mal ein Menschenherz. War es wirklich so wichtig, ob ein Mensch sein Herz geizig für sich aufsparte, um sein Leben noch ein paar Tage zu verlängern?

Er überlegte nur einen Augenblick, und dann reichte er dem Bettler ein kleines Stückchen Gold, daran etwas Blut klebte. Auf einmal erschien ein helles Licht, das ihn wie ein Blitz umzüngelte; Gottes Antlitz leuchtete auf, wo eben noch das schmutzige, alte Gesicht des Bettlers zu ihm aufgeschaut hatte. Plötzlich verstummten die Weihnachtsglocken, Gottes Antlitz lächelte wie früher, als er klein war und Gott im Wald begegnete; und zu gleicher Zeit versank die Welt um ihn.

Etwas später fanden die Kirchgänger, die aus der Christmette kamen, den alten Künstler und den Bettler neben der Brücke liegen; sie waren schon kalt, und sie hielten einander lächelnd bei der Hand.

13.
Dezember

Das
Ulta-Mädchen

Aus Lappland

Es waren einmal zwei Burschen, die um dasselbe Mädchen freiten. Als das Frühjahr kam, zogen die beiden Burschen und das Mädchen in Gemeinschaft mit anderen Leuten nach einer weit im Meere draußen gelegenen Insel, um dem Fischfang zu obliegen. Auf der Insel waren nämlich Fischerhütten erbaut, da dieser Ort von alters her als ausgezeichneter Fischplatz bekannt war und die Leute in der Regel bis zum Herbste daselbst verblieben.

Das Mädchen und die beiden Burschen bewohnten dieselbe Hütte und fischten in demselben Boote. Allmählich begann jedoch der eine der Burschen zu bemerken, dass das Mädchen ihm weniger Aufmerksamkeit schenkte als seinem Kameraden. Hierüber wurde er sehr verdrossen, und er sann darüber nach, auf welche Weise er wohl seinen Nebenbuhler am besten aus dem Wege räumen könnte.

Als die Fischer wieder die Heimreise antraten, richtete er es so ein, dass er, das Mädchen und sein Kamerad die Letzten waren, welche den Fischplatz verließen. Als nun auch sie alle ihre Sachen in das Boot gebracht hatten und schon zum Abrudern bereit waren, sagte der Bursche, um den das Mädchen sich nicht kümmerte, zu seinem Kameraden: »Ah, ich habe mein Messer oben in der Hütte vergessen; spring doch hinauf, und hol es mir, dann bist du ein guter Kerl!«

Dieser tat dies, ohne den geringsten Verrat zu ahnen, war jedoch noch nicht weit gekommen, als der Kamerad das Boot abstieß und mit dem Mädchen davonruderte. Er war nun ganz allein auf der Insel und besaß nichts anderes, womit er sich helfen konnte, als das Messer, welches der Kamerad zurückgelassen hatte. Er machte sich einen Bogen, und mit diesem schoss er Strandvögel, die er am Feuer briet. Auf diese Weise fristete er sein Leben fort bis Weihnachten.

Am Weihnachtsabend trug er eine größere Menge Brennholz zusammen und stapelte dieses gerade vor der Tür der Hütte zu einem großen Haufen auf, um nicht während der Weihnachtstage Holz holen zu müssen. Abends, als er mit dem Holzstoß fertig war, saß er eine Weile vor der Tür und blickte sehnsuchtsvoll nach dem Festlande hinüber. Da bemerkte er plötzlich ein Boot, welches auf die Insel zusteuerte. Der Bursche war darob sehr erfreut, denn er glaubte, dass es Menschen wären, die auf die Insel kämen. Als aber das Boot näher kam, schien ihm dieses allerdings etwas sonderbar auszusehen, und als es anlegte und die Leute ans Land stiegen, erkannte er bald, dass es nicht Albmaolbmuk, das heißt Leute von dieser Welt oder richtige Menschen, sondern Ulta-Leute waren. Er kroch deshalb hinter den Holzstoß und versteckte sich, jedoch so, dass er sie ungesehen beobachten konnte.

Es stiegen nun alle ans Land. Es war eine große Gesellschaft, die allerlei Kram bei sich hatte. Unter den Weibern befanden sich zwei junge Mädchen, die sehr schön und dabei auch hübsch gekleidet waren. Jedes derselben trug einen Proviantkasten in der Hand, als die ganze Schar auf die Hütte zuging. Nachdem der ganze Kram in die Hütte geschafft war, kamen die beiden Mädchen wieder heraus, um sich auf der Insel umzusehen; dabei entdeckten sie aber den Burschen, der hinter dem Holzstoß lag. Anfangs fürchteten sie sich ein wenig und wären beinahe wieder davongelaufen; da der Bursche aber ganz ruhig dalag, traten sie näher an ihn heran und begannen zu kichern und zu lachen und allerlei Scherz mit ihm zu treiben.

Der Bursche hatte eine Stecknadel in dem einen Ärmel seiner Jacke. Als sie nun so um ihn herumsprangen und ihn von Zeit zu Zeit zupften, passte er einen günstigen Augenblick ab und stach die eine in die Hand, sodass diese zu bluten begann. Die Gestochene begann nun laut zu schreien und zu jammern. Da kamen auch die Übrigen aus der Hütte gelaufen, um zu sehen, was geschehen sei; sowie sie aber des Burschen ansichtig wurden, stürzten sie wieder hinein, rafften in größter Eile und Hast von dem mitgebrachten Kram zusammen, was jeder erwischen konnte, und eilten davon.

In einem Augenblick war alles verschwunden: die Leute, der Kram und das Boot; nur ein Schlüsselbund war auf dem Tische liegen geblieben, und auch das Mädchen, welches der Bursche blutig gestochen hatte, stand noch da; es war ganz kraft- und hilflos. »Nun musst du mich zu deinem Weibe nehmen«, sagte das Mädchen, »da du mich blutig gestochen hast!«

»Ja, ja, warum nicht?«, antwortete der Bursche, »das

will ich gern tun; aber wie glaubst du, dass wir den Winter über auf der Insel hier werden leben können?«

»Damit hat es keine Not«, meinte das Mädchen, »wenn du mir nur versprechen willst, dass du mich zum Weibe nimmst; du bekommst ja reiche Verwandte!«

Der Bursche versprach es, und so lebten sie denn miteinander auf der Insel bis zum Frühjahr, wo wieder Leute hinauskamen, mit denen sie nach dem Festlande hinüberfuhren.

»Wohin sollen wir uns jetzt begeben?«, fragte das Mädchen den Burschen.

»Das weiß ich nicht«, sagte der Bursche, »was meinst du dazu?«

Das Mädchen meinte, dass es ihr am liebsten wäre, sich an dem Ort niederzulassen, wo ihre Eltern wohnten, »aber nur, wenn du willst«, fügte sie hinzu.

»Warum nicht?«, antwortete der Bursche, und so reisten sie dahin und suchten sich einen bequemen Wohnplatz aus.

»Nun musst du selbst den Platz für das Haus ausmessen«, sagte das Mädchen, »du kannst ihn groß oder klein nehmen, wie du willst.«

Der Bursche maß den Platz aus.

Als sie sich des Abends schlafen legten, sagte das Mädchen: »Wenn du in der Nacht, während wir liegen und schlafen, etwas hören solltest, so darfst du nicht aufstehen und auch nicht nachsehen, was es sei!«

In der Nacht hörte er, wie gemauert, gezimmert, gespalten und gehämmert wurde; er rührte sich aber nicht.

Des Morgens, als er und das Mädchen aufstanden und sich umsahen, stand das Haus in allen Teilen fertig da.

»Nun musst du den Platz für den Kuhstall ausmessen«, sagte das Mädchen am nächsten Tage, »aber nimm den Platz nicht zu groß und auch nicht zu klein!«

Der Bursche maß. In der Nacht hörte er wieder, wie gezimmert, gespalten und gehämmert wurde.

Am Morgen stand der Kuhstall vollkommen fertig da mit Ständern, Milcheimern und Kloben; nur Kühe waren nicht darin. Nun bat das Mädchen den Burschen, er möchte den Platz für ein Vorratshaus ausmessen; dieses könne er so groß haben, als er selbst wolle.

Als auch das Vorratshaus fertig war, forderte sie ihn auf, zu ihren Eltern zu reisen. Sie wanderten denn auch dahin und weilten dort, solange es sie freute. Als sie aber wieder nach Hause reisen sollten, sagte das Mädchen zu dem Burschen: »Wenn wir Abschied genommen haben und daran sind, aus dem Hause zu treten, so gib gut acht, und eile so schnell du kannst über die Türschwelle!«

Der Bursche tat, wie das Mädchen gesagt hatte, und gerade in dem Augenblick, als er über die Schwelle stieg, warf der Vater des Mädchens einen großen Hammer nach ihm. Wäre er nicht so schnell gewesen, als er war, sondern hätte er nur einen Augenblick stille gestanden, so würde ihr Vater ihm beide Beine abgeschlagen haben.

Als sie eine Strecke weit auf dem Heimweg gewandert waren, sagte das Mädchen: »Nun darfst du dich nicht früher umsehen, als bis du in das Haus getreten bist, was immer du auch hören und wahrnehmen magst!«

Der Bursche versprach es; als er aber schon bei der Haustür angelangt war, konnte er sich nicht länger zurückhalten, sondern sah sich um. Da war gerade die Hälfte einer großen Viehherde, welche die Schwiegereltern ihnen nachgeschickt hatten, innerhalb des Zaunes gekommen, die andere Hälfte stand noch außerhalb desselben; die aber, welche außerhalb stand, war in demselben Augenblick verschwunden.

Hierauf ließ sich das Paar von dem Priester trauen, und sie bekamen Kinder und lebten glücklich und zufrieden. Das Einzige, was dem Manne nicht gefiel, war, dass seine Frau bisweilen verschwand, ohne dass es ihm möglich war, zu erforschen, wohin sie gekommen sei. Als er sich daher eines Tages hierüber beklagte, sagte die Frau, welche ja ihren Gemahl recht lieb hatte: »Lieber Mann, wenn es dir nicht recht ist, dass ich manchmal fort bin, so schlage nur einen großen Nagel in die Türschwelle; ich kann dann weder hinaus noch hinein, es sei denn, dass du selbst es willst!«

14.
Dezember

Wie es zwei frechen Teufelchen zu Weihnachten erging

Maria Czygan

Es waren einmal zwei freche Teufelchen, die hießen Pechschwärzel und Bocksbärtel und lebten in der Hölle. Sie hatten nichts anderes im Sinn, als Streiche zu spielen und Unsinn zu treiben. Vom Himmel wollten sie nichts wissen, aber auf der Erde gefiel es ihnen gut. Da durften sie sich herumtummeln und ihren Spuk treiben nach Herzenslust.

Nur wenn Weihnachtszeit war, mitten im Winter, sollten sie zu Hause bleiben, und wenn sie fragten, warum, so brummte die Großmutter nur: »Ihr seid noch zu klein, noch nicht hart genug. Wenn ihr jetzt zu den Menschen lauft, kommt ihr mir womöglich nicht wieder.«

Einmal waren sie aus Vorsicht eingesperrt worden, weil gerade niemand Zeit hatte, auf sie achtzugeben. Da schimpften sie wie die Rohrspatzen. Pechschwärzel schlug sich vor die Brust und schrie: »Ich bin hart genug!« Und Bocksbärtel schimpfte: »Ich bin so hart, dass man Nüsse mit mir knacken kann. Und ich kratze mich durch.« Und sofort fing er an, ein Loch in die Wand zu kratzen, und Pechschwärzel half dabei.

Auf einmal stießen sie auf ein Mauseloch. »Das führt auf die Erde!«, frohlockte Bocksbärtel. »Wollen wir?«

»Natürlich!«, rief der andere. »Was fragst du noch lange?«

Schnell machten sie sich so klein wie eine Maus, denn

das konnten sie, und heidi! ging's los. Es dauerte nicht lange, da sahen sie Licht, und bald waren sie auf der Erde.

Sie waren sehr stolz auf ihre Pfiffigkeit und meinten: »Jetzt wollen wir doch sehen, was es in dieser Zeit auf der Erde gibt und warum wir durchaus nicht hinaufdurften.«

Sie befanden sich direkt in einem tiefen Wald. Der Schnee lag dick auf den Bäumen. Die Eiszapfen an den Tannen hingen so lang herunter, dass sie von einem Ast bis zum nächsten reichten. Die Raben krächzten, und die Hasen und die Füchse sagten sich schon Gute Nacht, da es spät am Tag war.

»Das haben wir schlecht getroffen«, sagte Bocksbärtel, »hier scheint das Ende der Welt zu sein, und wir können lange laufen, bis wir Menschen finden.«

Verdrossen schritten sie vorwärts. Aber immer nur fanden sie Bäume und Büsche und Gestrüpp. Nicht einmal ein Vogel oder eine Maus oder sonst ein lebendiges Geschöpf war zu sehen.

Endlich aber, als die Nacht schon heraufdunkelte, kamen sie an eine einsame Hütte. Durch das schmale Fenster fiel helles Licht. Neugierig liefen die Teufelchen näher und guckten durch die Scheiben. Ei, sah das drinnen nett aus! Vor dem Herdfeuer saß eine alte Frau mit zwei hübschen Kindlein, einem Knaben und einem kleinen Mädchen. In der Mitte der sauberen Stube aber stand ein Tisch, auf dem ein kleiner grüner Tannenbaum aufgebaut war. Die Teufelchen bekamen große Lust, sich an dem Feuer zu wärmen und mit den Kindern zu spielen. Sie hatten dabei gleich Schabernack im Sinn.

»Wir wollen versuchen, sie recht unartig zu machen«, schlug Pechschwärzel vor. »Ich kann artige Kinder nicht leiden. Ungezogene sind viel lustiger. Komm, wir wollen unsere Kunst versuchen!« Mit diesen Worten klopfte er an das Fenster.

»Wer pocht da draußen?«, fragte der Knabe drinnen und kam an die Tür gesprungen.

Die Teufelchen taten sehr bescheiden. »Ach, lasst uns nur ein Weilchen ein!«, baten sie mit kläglicher Stimme. »Es ist so kalt draußen. Wir frieren und sind hungrig.«

»Euch hat das Christkind geschickt!«, jubelten Frieder und Lisa, so hießen die Kinder. »Wir haben gerade mit der Großmutter zu ihm gebetet. Kommt und wärmt euch. Heute darf niemand hungern und frieren.«

Die alte Frau in der Stube konnte zwar noch kochen und spinnen und beten, aber nicht mehr gut sehen und hören. Daher erkannte sie die Gäste nicht genau, und sie lud sie mit freundlicher Stimme ein: »Kommt alle herein, ihr lieben Kinder, ich habe schnell die Lichtlein angezündet. Nun wollen wir alle miteinander Weihnachten feiern.«

Mit glücklichen Gesichtern führten Frieder und Lisa die kleinen Gäste herein. Fröhlich schauten sie auf den strahlenden Baum. Den Teufelchen aber wurde es sonderbar zumute. »Was riecht hier so wunderlich?«, fragten sie ängstlich.

»Das ist der Christbaum mit seinen Nadeln«, antworteten die Kinder.

»Was schimmert hier so wunderlich?«

»Das sind die Weihnachtskerzen mit ihrem Glanz.«

»Was tönt hier so wunderlich?«

»Das sind die Kirchenglocken, die die Heilige Nacht einläuten.«

»Warum legt ihr so wunderlich die Hände ineinander?«

»Wir falten sie, um zu beten, dass das Christkind auch zu uns kommt.« Mit diesen Worten fingen die Kinder an, ein frommes Lied zu singen.

Pechschwärzel und Bocksbärtel kniffen sich die Augen zu, um nichts zu sehen. Sie steckten die Finger in die Ohren, um nichts zu hören. Ach, wenn sie weit, weit fort hätten sein können! Wie sehr wünschten sie sich das! Denn sie fühlten mit Schrecken, dass ihre harten, kleinen Teufelsherzen bei dem Klang der Glocken und dem Glanz der Weihnachtskerzen weich wurden. Und das ist das Schlimmste, was einem Teufel passieren kann, denn der braucht ja ein steinhartes Herz.

»Hört auf zu singen! Löscht die Kerzen aus! Lasst uns schnell, schnell hinaus!«, riefen sie kläglich.

Aber Frieder und Lisa waren so vertieft, dass sie nicht hörten, sondern immer nur in das schimmernde Licht schauten und weitersangen.

Da sahen die Teufelchen, dass sie sich selbst gefangen hatten. Und sie konnten nicht anders, sie mussten endlich Augen und Ohren weit aufmachen und dem Singen und Klingen lauschen. Dabei fühlten sie, wie ihre Herzen weich und weicher wurden. Und auf einmal sanken sie auch in die Knie, und in ihre Augen stiegen heiße Tränen.

Wenn aber ein Teufelchen weinen kann, wird ein

Engelchen aus ihm. So sangen jetzt die beiden Engelchen jubelnd und jauchzend mit den Kindern, und dass sie nicht mehr in die Hölle zurückkehren konnten, hat sie dabei gar nicht gestört.

15.
Dezember

Die Alfkönigin

Aus Island

Ein Bauer wohnte auf einem Hof, oben zwischen den Bergen, nirgends aber wird erwähnt, wie er oder der Hof hießen. Der Bauer war unverheiratet, hatte aber eine Hausmeisterin, die Hildur hieß, von deren Geschlecht man nichts wusste. Sie stand dem inneren Hausstand vor und war flink in allen Dingen. Sie war beim Gesinde des Hofes beliebt, und bei dem Bauern auch, aber es war nie zu merken, dass das Verhältnis zwischen ihnen die Grenzen der Schicklichkeit überschritt. Sie war aber auch eine gesetzte Frau, ziemlich in sich gekehrt, doch freundlich im Verkehr.

Die häuslichen Verhältnisse des Bauern waren sehr gut, mit Ausnahme des Umstandes, dass es ihm schwerfiel, einen Hirten zu finden; er war aber ein reicher Schafbauer und glaubte, sein Haus verlöre den Grundstein, wenn der Hirt fehle. Das kam nun weder davon, dass der Bauer streng gegen seine Hirten war, noch davon, dass die Hausmeisterin es an dem fehlen ließ, was zu ihrem Gebiet gehörte. Der Grund, dass sie nicht einig werden konnten, war vielmehr der, dass die Hirten nie alt im Dienst wurden und am ersten Weihnachtsfeiertag stets tot in ihrem Bett aufgefunden wurden.

In jenen Zeiten war es im ganzen Land Sitte, am Heiligabend Gottesdienst abzuhalten, und es wurde für ebenso feierlich gehalten, dann zur Kirche zu fahren, wie am ersten Feiertag selbst. Aber auf Gebirgshöfen, die weit von der Kirche entfernt lagen, war es für diejenigen, die sich der Verhältnisse wegen nicht eher bereit machen konnten, das Haus zu verlassen, bis der Stern zwischen Morgen und Mittag stand, keine Kleinigkeit, zum Gottesdienst zu kommen, und es war üblich, dass die Hirten bei diesem Bauern nicht früher nach Hause kamen. Wohl brauchten sie nicht den Hof zu hüten, wie es Sitte war, dass es einer oder der andere in der Weihnachts- und Silvesternacht tat, während die übrigen Leute des Hofes in der Kirche waren; denn seit Hildur zu dem Bauern gekommen war, hatte sie sich stets von selbst dazu erboten, während sie gleichzeitig besorgte, was zum Fest in Ordnung gebracht werden musste: Essen kochen und anderes, was dazugehört, und sie wachte immer bis spät in die Nacht, sodass die Kirchgänger zuweilen zurückgekommen, zu Bett gegangen und eingeschlafen waren, ehe sie zu Bett ging. Als es eine Zeit lang so gegangen war, dass die Hirten des Bauern alle plötzlich in der Heiligen Nacht gestorben waren, fing man an, in den Ortschaften darüber zu sprechen, und es fiel deshalb dem Bauern sehr schwer, jemanden für diese Arbeit zu dingen, und je mehr starben, desto schwerer wurde es. Weder auf ihn noch auf sein Gesinde fiel der Verdacht, dass sie den Tod der Hirten verschuldet hätten, da sie alle gestorben waren, ohne dass eine Wunde an ihnen zu sehen war. Schließlich sagte der Bauer, dass er es nicht mehr über sein Gewissen bringen könnte, Hirten zu dingen, die den sicheren Tod zu erwarten hätten, und dass nun das Schicksal darüber bestimmen möge, wie es mit seinem Viehstand und Wohlstand würde.

Als der Bauer sich hierfür entschieden hatte, und fest entschlossen war, niemand zu diesem Zweck zu dingen, kam einmal ein flinker und kräftiger Mann und bot ihm seinen Dienst an. Der Bauer sagte: »So nötig habe ich deinen Dienst nicht, dass ich dich annehmen muss.« Der Fremde fragte: »Hast du einen Hirten für den nächsten Winter gedungen?« Der Bauer erwiderte: »Nein« und sagte, dass er sich entschlossen hätte, für die Folge niemand zu dingen, »und du hast wohl gehört, wie unglücklich es bisher meinen Hirten ergangen ist.« – »Gehört habe ich davon«, sagte der Fremde, »aber ihr Schicksal soll mir keine Furcht einjagen.« Da gab der Bauer nach, weil der andere ihn so eindringlich bat, und nahm ihn als Schafhirten in seinen Dienst. Nun verstrich eine Zeit; der Bauer und der Hirt waren sehr zufrieden miteinander, und dieser war bei allen gern gesehen, denn er war ein Mann von gutem Betragen, keck und ausdauernd in all seinem Vorhaben.

Es geschah nichts, bis Weihnachten kam; da ging es wie immer: Der Bauer zog am Heiligabend mit seinen Leuten zur Kirche, nur seine Hausmeisterin blieb im Hause zurück, und der Hirt blieb beim Vieh; der Bauer zog also fort und ließ die beiden allein zurück. Es ging auf Abend, ehe der Hirt wie gewöhnlich nach Hause kam; er aß seine Grütze und ging dann zur Ruhe. Da fiel ihm ein, dass es vielleicht sicherer für ihn wäre, wach zu bleiben als zu schlafen, falls etwas passierte, obgleich er keine Furcht hegte, und deshalb blieb er wach liegen. Als der größte Teil der Nacht vergangen war, hörte er die Kirchgänger kommen; sie bekamen einen Bissen zu essen und gingen dann zu Bett. Noch merkte er nichts, als er aber glaubte, dass alle eingeschlafen wären, fühlte er, dass seine Kräfte zu schwinden begannen, was nicht weiter merkwürdig war, so müde, wie er nach des Tages Mühe war.

Er glaubte, es wäre schlimm mit ihm bestellt, wenn ihn jetzt der Schlaf übermannte, und er bot darum all seine Willenskraft auf, um sich wach zu erhalten. Es verging nun keine lange Zeit, bis er jemand an sein Bett treten hörte, und er glaubte zu sehen, dass es die Hausmeisterin Hildur sei, die hier ihr Wesen triebe. Er stellte sich, als schliefe er ganz fest, und merkte, dass sie ihm etwas in den Mund steckte. Das war, wie er fühlte, ein Zaum für den Hexenritt, und er ließ sich ruhig aufzäumen. Als sie ihm das Zaumzeug angelegt hatte, befestigte sie die Zügel, wie es ihr am bequemsten war, setzte sich auf seinen Rücken und ritt in sausender Eile fort, bis sie, wie ihm schien, an einen Graben oder eine Spalte in der Erde kam. Da sprang sie von ihm herab, auf einen Stein, und ließ die Zügel hängen, worauf sie vor seinen Augen in der Spalte verschwand. Der Hirt fand, es sei schlimm und wenig aufklärend, wenn Hildur solchermaßen vor ihm verschwände, ohne dass er wüsste, was aus ihr geworden sei; er merkte aber, dass er mit angelegtem Zaum nicht weit käme, so viel Zauberei steckte darin. Er nahm deshalb den Ausweg, dass er den Kopf an dem erwähnten

Stein rieb, bis er sich das Zaumzeug abgescheuert hatte, und dann ließ er es liegen. Dann warf er sich in die Spalte, in die sie vor ihm gesprungen war.

Es schien ihm, dass er noch nicht weit in die Spalte hinuntergekommen war, als er Hildur wieder erblickte; sie war auf einigen schönen Wiesen angelangt, über welche sie bald den Weg zurückgelegt hatte. Nach all diesem konnte er wohl begreifen, dass es mit Hildur nicht richtig zuging und dass sie sicher mehr Kniffe unter ihrem Pelz verbarg, als man ihr ansehen konnte, wenn sie oben auf der Erde unter den Menschen weilte. Auch das konnte er verstehen, dass sie ihn bald erblicken würde, wenn er auf der Wiese hinter ihr herging. Er nahm deshalb einen Stein, der ihn unsichtbar machte, aus seiner Tasche und verbarg ihn in der linken Hand, lief dann hinter ihr her und beeilte sich, so sehr er konnte. Als er weiter auf die Wiese gekommen war, sah er eine große und prächtige Halle, und Hildur folgte dem Weg, der zu ihr hinführte. Er sah eine große Schar von Menschen aus der Halle ihr entgegenkommen; zuerst, an der Spitze, ging ein Mann, der am prächtigsten von allen gekleidet war, und es schien dem Hirten, als begrüße dieser seine Frau, als Hildur kam, und hieße sie willkommen; die anderen aber, die im Gefolge des Häuptlings waren, begrüßten sie fröhlich als ihre Königin. Mit dem Häuptling zogen Hildur zwei halberwachsene Kinder entgegen, und mit heller Freude begrüßten sie ihre Mutter. Als die ganze Menge der Königin ihre Huldigung dargebracht hatte, begleiteten alle sie und den König nach der Halle, und dort bereitete man ihr einen ehrenvollen Empfang, kleidete sie in königliche Gewänder und streifte ihr goldene Ringe auf den Arm. Der Hirt folgte der Menge nach der Halle, hielt sich aber die ganze Zeit dort auf, wo am wenigsten Leute waren, wenn auch derart, dass er alles, was vorging, sehen konnte. In der Halle sah er so viel Pracht und Glanz, dass er Ähnliches nie geschaut hatte. Tische wurden hervorgeholt und gedeckt, und er wunderte sich über all die Herrlichkeit. Nach einer Weile sah er Hildur in die Halle eintreten, in das prächtige Gewand gekleidet, von dem vorher die Rede gewesen ist. Jedem wurde sein Platz angewiesen; Königin Hildur nahm den Ehrensitz neben dem König ein; das ganze Gefolge aber nahm zu beiden Seiten Platz, und die Mahlzeit dauerte nun eine Weile. Dann wurden die Tische wieder abgedeckt, worauf die Männer und die Jungfrauen, so viele dazu Lust hatten, zum Tanz antraten, während andere Vergnügungen wählten, die mehr nach ihrem Sinn waren; der König und die Königin aber saßen da und sprachen miteinander, und ihr Gespräch schien dem Hirten sowohl mit Freude wie mit Kummer vermischt zu sein.

Während des Gespräches des Königs mit der Königin kamen drei Kinder, die jünger waren als die vorher Erwähnten, zu ihnen herein und äußerten ebenfalls ihre Freude darüber, dass sie ihre Mutter wiedersahen. Königin Hildur erwiderte ihren Gruß liebevoll, nahm das jüngste Kind auf den Schoß und streichelte es, es war aber schlecht gelaunt und unruhig. Die Königin ließ dann das Kind herunter, streifte einen Ring vom Finger und gab ihn ihm zum Spielen. Da wurde das Kind still und spielte eine Weile mit dem Gold, verlor den Ring aber schließlich auf dem Boden. Der Hirt stand in der Nähe, beeilte sich und erhaschte den Ring, als er zu Boden fiel, steckte ihn zu sich und verbarg ihn gut, ohne das es jemand merkte; es schien aber allen merkwürdig, dass der Ring nirgends zu finden war, als man nach ihm suchte. Als die Nacht zum größten Teil verflossen war, begann Königin Hildur sich zum Fortgang zu rüsten, aber alle, die in der Halle waren, baten sie, noch länger zu verweilen, und waren sehr traurig, als sie sahen, dass sie fortziehen wollte.

Der Hirt hatte beobachtet, dass an einer Stelle in der Halle ein uraltes Weib saß, das entsetzlich anzusehen war; sie war die Einzige von allen, die sich weder über die Ankunft der Königin Hildur gefreut hatte, noch sie bat, zu bleiben, als sie fortziehen wollte. Als der König die Wanderlust Hildurs sah und dass sie sich nicht zum Bleiben überreden ließ, weder durch seine noch durch anderer Bitten, ging er zu dem Weib und sagte: »Nimm nun deine Flüche zurück, Mutter, und erhöre meine Bitten, sodass meine Königin mir nicht mehr fern zu sein braucht und meine Freude über unsere Zusammenkünfte von so kurzer Dauer ist, wie sie es jetzt war.« Das alte Weib antwortete ihm voller Zorn: »All meine Flüche sollen bestehen bleiben, und nichts soll mich erweichen, sie zu widerrufen.« Der König schwieg dazu und ging voller Kummer zu seiner Königin, legte ihr den Arm um den Hals und küsste sie und bat sie noch einmal mit sanften

Worten, doch nicht fortzuziehen. Die Königin sagt, dass die Flüche seiner Mutter ihr verböten, anders zu handeln; sie äußerte, es wäre nur wenig Wahrscheinlichkeit dafür da, dass sie sich häufiger sehen könnten, des Schicksals wegen, das über sie verhängt wäre, und dass die Tötungen, die ihretwegen geschehen wären und deren es nun so viele geworden seien, nicht länger verborgen bleiben konnten, und dass sie deshalb die wohlverdiente Strafe für ihre Taten erleiden müsste, obgleich sie sie ungern verübt hätte.

Während sie in diese Klagen ausbrach, entfernte sich der Hirt aus der Halle, als er sah, wie die Dinge standen; er ging geradeswegs über die Wiese nach der Spalte und wieder hinauf auf den Weg. Dann versteckte er den Zauberstein, zäumte sich wieder auf und wartete, bis Hildur kam. Nach Verlauf einer kurzen Zeit kam Königin Hildur allein und mit trauriger Miene; sie setzte sich auf seinen Rücken und ritt nach Hause. Als sie dort angekommen waren, legte sie ihn wieder in sein Bett, zäumte ihn ab, ging darauf selbst zu Bett und begann zu schlafen. Obgleich der Hirt die ganze Zeit über hellwach gewesen war, stellte er sich doch schlafend, damit Hildur nichts merken sollte. Als sie aber zu Bett gegangen war, machte er sich nichts mehr daraus, vorsichtig zu sein; er verfiel in tiefen Schlaf und schlief, wie zu erwarten war, bis weit in den Tag hinein.

Am nächsten Morgen stieg der Bauer von allen auf dem Hof zuerst aus dem Bett; denn es lag ihm am Herzen, seinen Schafhirten zu sehen, er erwartete aber statt der Weihnachtsfreude den Kummer, ihn tot in seinem Bett zu finden, so wie es früher geschehen war. Während der Bauer sich anzog, erwachten die übrigen Leute des Hofes und zogen sich ebenfalls an, der Bauer aber ging an das Bett des Hirten und berührte ihn mit der Hand. Da merkte er, dass er am Leben war, und war froh darüber und pries Gott In hohen Tönen ob dieser Gnade. Da erwachte der Hirt frisch und munter und zog sich an. Währenddessen fragte ihn der Bauer, ob etwas Neues während der Nacht passiert sei. Der Schafhirt erwiderte: »Nein, aber einen sehr merkwürdigen Traum habe ich gehabt.«

»Wie ist denn der Traum gewesen?«, fragte der Bauer. Da begann der Hirt seinen Bericht von dem Augenblick an, von dem wir erzählt haben, dass Hildur an sein Bett getreten war und ihn aufgezäumt hatte, und dann gab er jedes Wort und jedes Ereignis so genau wieder, wie er sich daran erinnern konnte. Als er mit seiner Erzählung fertig war, saßen alle schweigend da, außer Hildur, die sagte: »Alles, was du gesagt hast, ist gelogen, wenn du nicht durch deutliche Zeichen beweisen kannst, dass es so zugegangen ist, wie du erzählst.« Der Hirt ließ sich dadurch nicht in Verlegenheit bringen, sondern holte den Ring hervor, den er nachts vom Erdboden im Alfheim aufgenommen hatte, und sagte: »Wenn ich es auch nicht für meine Pflicht halte, eine Traumsage mit Zeichen zu beweisen, so trifft es sich doch so glücklich, dass ich einen klaren Beleg dafür, habe, dass ich in dieser Nacht bei den Huldren gewesen bin; oder ist das nicht dein Fingerring, Königin Hildur?« Hildur antwortete: »So ist es, und Gott segne dich dafür, dass du mich aus der Sklaverei befreit hast, die mir meine Schwiegermutter auferlegt hat; nur ungern habe ich alle die Missetaten begangen, die sie mir geboten hat.« Königin Hildur fing dann ihre Geschichte also an:

»Ich war eine Huldrejungfrau aus geringem Geschlecht, aber der, der jetzt König über das Alfheim ist, wurde von Liebe zu mir erfasst, und obgleich es sehr gegen den Willen seiner Mutter war, nahm er mich zur Frau. Da wurde meine Schwiegermutter so zornig, dass sie ihrem Sohn versprach, dass er nur kurze Freude an mir haben solle, jedoch würde es uns gestattet sein, uns ab und zu zu sehen. Mir aber erlegte sie auf, dass ich Sklavin unter den Menschen werden sollte, und damit war das Unglück verbunden, dass ich jedes Mal zu Weihnachten den Tod eines Menschen verursachen sollte, dergestalt, dass ich, während ich schlief, ihn aufzäumen und auf ihm denselben Weg reiten sollte, den ich diese Nacht auf dem Hirten geritten bin, um den König zu besuchen; und dies sollte so lange währen, bis ich dieser Bosheit überführt und deswegen getötet würde, wenn ich nicht einen so kecken und mutigen Mann fände, dass er mir nach Alfheim zu folgen wagte und dann beweisen könnte, dass er dorthin gekommen wäre und gesehen hätte, womit die Leute sich dort beschäftigten. Nun ist klar, dass sämtliche früheren Hirten des Bauern um meinetwillen den Tod gefunden haben, seit ich hergekommen bin, und ich hoffe, dass man mir nicht anrechnen wird, was gegen meinen freien Willen geschehen ist; denn niemand hat den unterirdischen Weg gefunden und ist aus Neugierde in die Wohnstätte der Huldren vor diesem mutigen Mann eingedrungen, der mich nun aus meiner Sklaverei und von meinem Fluch erlöst hat. Und ich werde ihn dafür belohnen, wenn es auch nicht gleich geschieht. Jetzt kann ich nicht länger hierbleiben, habt Dank für die Güte, die ihr mir erwiesen habt, aber die Sehnsucht zieht mich nach meinem Heim.«

Nachdem sie so gesprochen hatte, verschwand Königin Hildur, und später sah man sie nie wieder unter den Menschen. Von dem Schafhirten aber wird erzählt, dass er sich verheiratete und im nächsten Frühjahr einen Hausstand gründete. Das konnte er auch, denn erstens zeigte sich der Bauer freigebig ihm gegenüber, als er aus seinem Dienst zog, und dann war er auch selbst nicht ohne Vermögen. Er wurde seiner Gegend von sehr großem Nutzen, und stets wandte man sich an ihn um Rat und Hilfe; so beliebt aber war er und so glücklich, dass die Leute nicht recht begreifen konnten, wie es zuging, und glaubten, bei ihm hätte jedes Tier zwei Köpfe. Er aber sagte, dass er Königin Hildur für seinen ganzen Wohlstand zu danken habe.

16.

Dezember

Die Legende von der Christrose

Selma Lagerlöf

Die Räubermutter, die in der Räuberhöhle oben im Göinger Walde hauste, hatte sich eines Tages auf einen Bettelzug in das Flachland hinunterbegeben. Der Räubervater selbst war ein friedloser Mann und durfte den Wald nicht verlassen, sondern musste sich damit begnügen, den Reisenden aufzulauern, die sich in den Wald wagten; doch zu der Zeit, als der Räubervater und die Räubermutter sich im Göinger Wald aufhielten, gab es im nördlichen Schoonen nicht allzu viel Reisende.

Wenn es sich also begab, dass der Räubervater ein paar Wochen lang Pech mit seiner Jagd gehabt hatte, dann machte sich die Räubermutter auf die Wanderschaft. Sie nahm ihre fünf Kinder mit, und jedes der Kleinen hatte zerfetzte Fellkleider und Holzschuhe und trug auf dem Rücken einen Sack, der gerade so lang war wie es selbst. Wenn die Räubermutter zu einer Haustüre hereinkam, dann wagte niemand, ihr das zu verweigern, was sie verlangte, denn sie bedachte sich keinen Augenblick, in der nächsten Nacht zurückzukehren und das Haus anzuzünden, in dem man sie nicht freundlich aufgenommen hatte. Die Räubermutter und ihre Nachkommenschaft waren ärger als die Wolfsbrut, und gar mancher hatte Lust, ihnen seinen guten Speer nachzuwerfen, aber dies geschah niemals; denn man wusste, dass der Mann dort oben im Walde hauste und sich zu rächen wissen würde, wenn den Kindern oder der Alten etwas zuleide geschähe.

Wie nun die Räubermutter so von Hof zu Hof zog und bettelte, kam sie eines schönen Tages nach Öved, das zu jener Zeit ein Kloster war. Sie klingelte an der Klosterpforte und verlangte etwas zu essen, und der Türhüter ließ ein kleines Schiebfensterchen herab und reichte ihr sechs runde Brote, eines für sie und eines für jedes Kind. Aber während die Räubermutter so still vor der Klosterpforte stand, liefen ihre Kinder umher. Und nun kam eines von ihnen heran und zupfte sie am Rocke, zum Zeichen, dass es etwas gefunden habe, was sie sich ansehen solle, und die Räubermutter ging auch gleich mit ihm.

Das ganze Kloster war von einer hohen, starken Mauer umgeben, aber der kleine Junge hatte es zustande gebracht, ein kleines Hintertürchen zu finden, das angelehnt stand. Als die Räubermutter hinkam, stieß sie sogleich das Pförtchen auf und trat, ohne erst viel zu fragen, ein, wie es eben bei ihr der Brauch war.

Das Kloster Öved wurde zu jener Zeit von Abt Johannes regiert, der ein gar pflanzenkundiger Mann war. Er hatte sich hinter der Klostermauer einen kleinen Lustgarten angelegt, und in diesen drang nun die Räubermutter ein. Im ersten Augenblick war sie so erstaunt, dass sie regungslos stehen blieb. Es war Hochsommerzeit, und der Garten des Abtes Johannes stand so voll von Blumen, dass es einem blau und rot und gelb vor den Augen flimmerte, wenn man hineinsah. Aber bald zeigte sich ein vergnügtes Lächeln auf dem Gesicht der Räubermutter, und sie begann, einen schmalen Gang hinunterzugehen, der zwischen vielen kleinen Blumenbeeten durchlief.

Im Garten stand der Laienbruder, der Gärtnergehilfe war, und jätete das Unkraut aus. Er war es, der die Tür in der Mauer halb offen gelassen hatte, um Queckengras und Melde auf den Kehrichthaufen davor werfen zu können. Als er die Räubermutter mit ihren fünf Bälgern hinter sich her in den Lustgarten treten sah, stürzte er ihnen sogleich entgegen und befahl ihnen, sich zu trollen. Aber die alte Bettlerin ging weiter, als sei nichts geschehen. Sie ließ die Blicke hinauf- und hinabwandern, sah bald die starren weißen Lilien an, die sich auf einem Beet ausbreiteten, und bald den Efeu, der die Klosterwand hoch emporkletterte, und bekümmerte sich nicht im Geringsten um den Laienbruder.

Der Laienbruder dachte, sie hätte ihn nicht verstanden. Da wollte er sie am Arm nehmen, um sie zum Ausgang umzudrehen. Aber als die Räubermutter seine Absicht bemerkte, warf sie ihm einen Blick zu, vor dem er zurückprallte. Sie war unter ihrem Bettelsack mit gebeugtem Rücken gegangen, aber jetzt richtete sie sich zu ihrer vollen Höhe auf. »Ich bin die Räubermutter aus dem Göinger Wald«, sagte sie, »rühr mich nur an, wenn du es wagst.« Und es sah aus, als ob sie nach diesen Worten ebenso sicher wäre, in Frieden von dannen zu ziehen, als hätte sie verkündet, dass sie die Königin von Dänemark sei.

Aber der Laienbruder wagte es dennoch, sie zu stören, obgleich er jetzt, wo er wusste, wer sie war, recht sanftmütig zu ihr sprach. »Du musst wissen, Räubermutter«, sagte er, »dass dies ein Mönchskloster ist und dass es keiner Frau im Lande verstattet wird, hinter diese Mauer zu kommen. Wenn du nun nicht deiner Wege gehst, dann werden die Mönche mir zürnen, weil ich vergessen habe, das Tor zu schließen, und sie werden mich vielleicht aus Kloster und Garten verjagen.«

Doch solche Bitten waren an die Räubermutter verschwendet. Die ging weiter durch die Rosenbeete und guckte sich den Ysop an, der mit lilafarbenen Blüten bedeckt war, und das Kaprifolium, das voll rotgelber Blumentrauben hing. Da wusste sich der Laienbruder keinen anderen Rat, als in das Kloster zu laufen und um Hilfe zu rufen.

Er kam mit zwei handfesten Mönchen zurück, und die Räubermutter sah sogleich, dass es nun ernst wurde. Sie stellte sich breitbeinig in den Weg und begann mit gellender Stimme herauszuschreien, welche furchtbare Rache sie an dem Kloster nehmen würde, wenn sie nicht im Lustgarten bleiben dürfe, solange sie wollte. Aber die Mönche meinten, dass sie sie nicht zu fürchten brauchten, und sie dachten nur daran, sie zu vertreiben. Da stieß die Räubermutter schrille Schreie aus, stürzte sich auf sie und kratzte und biss, und ebenso machten es alle ihre Sprossen. Die drei Männer merkten bald, dass sie ihnen überlegen war. Es blieb ihnen nichts andres übrig, als in das Kloster zu gehen und Verstärkung zu holen.

Wie sie über den Pfad liefen, der in das Kloster führte, begegneten sie dem Abt Johannes, der herbeigeeilt war, um zu sehen, was für ein Lärm das wäre, den man vom Lustgarten hörte. Da mussten sie gestehen, dass die Räubermutter aus dem Göinger Walde in das Kloster gedrungen sei; sie hätten nicht vermocht, sie zu vertreiben, und wollten sich nun Entsatz schaffen. Aber Abt Johannes tadelte sie, dass sie Gewalt angewendet hätten, und verbot ihnen, um Hilfe zu rufen. Er schickte die beiden Mönche zu ihrer Arbeit zurück, und obgleich er ein alter, gebrechlicher Mann war, nahm er nur den Laienbruder mit in den Garten.

Als Abt Johannes dort anlangte, ging die Räubermutter wie zuvor zwischen den Beeren umher. Und er konnte sich nicht genug über sie wundern. Er war ganz sicher, dass die Räubermutter nie zuvor in ihrem Leben einen Lustgarten erblickt hatte. Aber wie dem auch sein mochte, sie ging zwischen all den kleinen Beeten umher, die jedes mit einer anderen Art fremder und seltsamer Blumen bepflanzt waren, und betrachtete sie, als wären es alte Bekannte. Es sah aus, als hätte sie schon öfters Immergrün und Salbei und Rosmarin gesehen. Einigen lächelte sie zu, und über andre wieder schüttelte sie den Kopf.

Abt Johannes liebte seinen Garten mehr als alle anderen Dinge, die irdisch und vergänglich sind. So wild und grimmig die Räubermutter auch aussah, so konnte er es doch nicht lassen, Gefallen daran zu finden, dass sie mit drei Mönchen gekämpft hatte, um ihn in Ruhe zu betrachten. Er ging auf sie zu und fragte sie freundlich, ob ihr der Garten gefalle.

Die Räubermutter wendete sich heftig gegen Abt

Johannes, denn sie war nur auf Hinterhalt und Überfall gefasst, aber als sie seine weißen Haare und seinen gebeugten Rücken sah, da antwortete sie ganz freundlich: »Als ich ihn zuerst erblickte, da schien es mir, als ob ich nie etwas Schöneres gesehen hätte, aber jetzt merke ich, dass er sich mit einem andern nicht messen kann, den ich kenne.«

Abt Johannes hatte sicherlich eine andre Antwort erwartet. Als er hörte, dass die Räubermutter einen Lustgarten kannte, der schöner war als der seine, bedeckten sich seine runzeligen Wangen mit einer schwachen Röte.

Der Gärtnergehilfe, der danebenstand, begann auch sogleich die Räubermutter zurechtzuweisen: »Dies ist Abt Johannes, Räubermutter«, sagte er, »der selber mit großem Fleiß und Mühe von fern und nah die Blumen für seinen Garten gesammelt hat. Wir wissen alle, dass es im ganzen schoonischen Land keinen reicheren Lustgarten gibt, und es steht dir, die du das ganze liebe Jahr im wilden Walde hausest, wahrlich übel an, sein Werk meistern zu wollen.«

»Ich will niemand meistern, weder ihn noch dich«, sagte die Räubermutter, »ich sage nur, wenn ihr den Lustgarten sehen könntet, an den ich denke, dann würdet ihr jegliche Blume, die hier steht, ausraufen und sie als Unkraut fortwerfen.«

Aber der Gärtnergehilfe war kaum weniger stolz auf die Blumen als Abt Johannes selbst, und als er diese Worte hörte, begann er höhnisch zu lachen: »Ich kann mir wohl denken, dass du nur so schwätzest, Räubermutter, um uns zu reizen«, sagte er, »das wird mir ein schöner Garten sein, den du dir unter Tannen und Wacholderbüschen im Göinger Walde eingerichtet hast! Ich wollte meine Seele verschwören, dass du überhaupt noch nie hinter einer Gartenmauer gewesen bist.«

Die Räubermutter wurde rot vor Ärger, dass man ihr also misstraute, und sie rief: »Es mag wohl sein, dass ich niemals vor heute hinter einer Gartenmauer gestanden habe, aber ihr Mönche, die ihr heilige Männer seid, solltet wohl wissen, dass der große Göinger Wald sich in jeder Weihnachtsnacht in einen Lustgarten verwandelt, um die Geburtsstunde unseres Herrn und Heilands zu feiern. Wir, die wir im Walde leben, haben dies nun jedes Jahr geschehen sehen, und in diesem Lustgarten habe ich so herrliche Blumen geschaut, dass ich es nicht wagte, die Hand zu erheben, um sie zu brechen.«

Da lachte der Laienbruder noch lauter und stärker: »Es ist gar leicht für dich, dazustehen und mit derlei zu prahlen, was kein Mensch sehen kann. Aber ich kann nicht glauben, es könnte etwas andres als Lüge sein, dass der Wald Christi Geburtsstunde an einer solchen Stelle feiern sollte, wo so unheilige Leute wohnen wie du und der Räubervater.«

»Und das, was ich sage, ist doch ebenso wahr«, entgegnete die Räubermutter, »wie dass du es nicht wagen würdest, in einer Weihnachtsnacht in den Wald zu kommen, um es zu sehen.«

Der Laienbruder wollte ihr von Neuem antworten, aber Abt Johannes bedeutete ihm durch ein Zeichen, stillzuschweigen. Denn Abt Johannes hatte schon seit seiner Kindheit erzählen hören, dass der Wald sich in der Weihnachtsnacht in ein Feierkleid hülle. Er hatte sich oft danach gesehnt, es zu sehen, aber es war ihm niemals gelungen. Nun begann er die Räubermutter gar eifrig zu bitten und anzurufen, sie möge ihn um die Weihnachtszeit in die Räuberhöhle kommen lassen. Wenn sie nur eins ihrer Kinder schickte, ihm den Weg zu zeigen, dann wolle er allein hinaufreiten, und er würde sie nie und nimmer verraten, sondern sie im Gegenteil so reich belohnen, wie es nur in seiner Macht stünde.

Die Räubermutter weigerte sich zuerst, denn sie dachte an den Räubervater und an die Gefahr, der sie ihn preisgab, wenn sie Abt Johannes in ihre Höhle kommen ließe; aber dann wurde doch der Wunsch, ihm zu zeigen, dass der Lustgarten, den sie kannte, schöner war als der seinige, in ihr übermächtig, und sie gab nach. »Aber mehr als einen Begleiter darfst du nicht mitnehmen«, sagte sie. »Und du darfst uns keinen Hinterhalt und keine Falle stellen, so gewiss du ein heiliger Mann bist.«

Dies versprach Abt Johannes, und damit ging die Räubermutter. Aber Abt Johannes befahl dem Laienbruder, niemand zu verraten, was nun vereinbart worden war. Er fürchtete, dass seine Mönche, wenn sie von seinem Vorhaben etwas erführen, einem alten Mann, wie er es war, nicht gestatten würden, hinauf in die Räuberhöhle zu ziehen. Auch er selbst wollte den Plan keiner Menschenseele verraten.

Aber da begab es sich, dass Erzbischof Absalon aus

Lund gereist kam und eine Nacht in Öved verbrachte. Als nun Abt Johannes ihm seinen Garten zeigte, fiel ihm der Besuch der Räubermutter ein; und der Laienbruder, der dort umherging und arbeitete, hörte, wie der Abt dem Bischof vom Räubervater erzählte, der nun so viele Jahre vogelfrei im Walde gehaust hätte, und um einen Freibrief für ihn bat, damit er wieder ein ehrliches Leben unter anderen Menschen führen könnte. »Wie es jetzt geht«, sagte Abt Johannes, »wachsen seine Kinder zu ärgeren Missetätern heran, als er selbst einer ist, und Ihr werdet es dort oben im Walde bald mit einer ganzen Räuberbande zu tun bekommen.«

Doch Erzbischof Absalon erwiderte, dass er den bösen Räuber nicht auf die ehrlichen Leute im Lande loslassen wolle. Es sei für alle am besten, wenn er dort oben in seinem Walde bliebe.

Da wurde Abt Johannes eifrig und begann, dem Bischof vom Göinger Wald zu erzählen, der sich jedes Jahr rings um die Räuberhöhle in Weihnachtsschmuck kleide. »Wenn diese Räuber nicht schlimmer sind, als dass Gottes Herrlichkeit sich ihnen zeigen will«, sagte er, »so können sie wohl auch nicht zu schlecht sein, um die Gnade der Menschen zu erfahren.«

Aber der Erzbischof wusste Abt Johannes zu antworten. »So viel kann ich dir versprechen, Abt Johannes«, sagte er und lächelte, »an welchem Tage immer du mir eine Blume aus dem Weihnachtsgarten im Göinger Walde schickst, will ich dir einen Freibrief für alle Friedlosen geben, für die du mich bitten magst.«

Der Laienbruder sah, dass Bischof Absalon ebenso wenig wie er selbst an die Geschichte der Räubermutter glaubte, aber Abt Johannes merkte nichts davon, sondern dankte Absalon für sein gütiges Versprechen und sagte, die Blume wolle er ihm schon schicken.

Abt Johannes setzte seinen Willen durch, und am nächsten Weihnachtsabend saß er nicht daheim in Öved, sondern war auf dem Wege nach Göinge. Einer der wilden Jungen der Räubermutter lief vor ihm her, und zum Geleit hatte er den Knecht, der im Lustgarten mit der Räubermutter gesprochen hatte. Abt Johannes hatte sich den ganzen Herbst über schon sehr danach gesehnt, diese Fahrt anzutreten, und freute sich nun sehr, dass sie zustande gekommen war. Aber ganz anders stand es mit dem Laienbruder, der ihm folgte. Er hatte Abt Johannes von Herzen lieb und würde es nicht gern einem andern überlassen haben, ihn zu begleiten und über ihn zu wachen, aber er glaubte keineswegs, dass sie einen Weihnachtsgarten zu Gesicht bekommen würden, er dachte nichts andres, als dass das Ganze eine Falle sei, die die Räubermutter mit großer Schlauheit Abt Johannes gelegt hätte, damit er ihrem Mann in die Hände falle.

Während Abt Johannes nordwärts zur Waldgegend ritt, sah er, wie überall Anstalten getroffen wurden, das Weihnachtsfest zu feiern. In jedem Bauerndorf machte man Feuer in der Badehütte, damit sie zum nachmittägigen Bade warm sei. Aus den Vorratskammern wurden große Mengen von Fleisch und Brot in die Hütten getragen, und aus den Tennen kamen die Burschen mit großen

Strohgarben, die über den Boden gestreut werden sollten. Als er an dem kleinen Dorfkirchlein vorüberritt, sah
er, wie der Priester und seine Küster vollauf damit beschäftigt waren, sie mit den besten Geweben zu behän-
gen, die sie nur hatten auftreiben können; und als er zu
dem Wege kam, der nach dem Kloster Bosjö führte, sah
er die Armen des Klosters mit großen Brotlaiben und
langen Kerzen daherwandern, die sie an der Klosterpforte
bekommen hatten.

Als Abt Johannes alle diese Weihnachtszurüstungen
sah, da spornte er zur Eile an. Denn er dachte daran, dass
seiner ein größeres Fest harre, als irgendeiner der anderen feiern sollte. Doch der Knecht jammerte und klagte,
als er sah, wie sie sich auch in der kleinsten Hütte an-
schickten, das Weihnachtsfest zu feiern. Und er wurde
immer ängstlicher und bat und beschwor Abt Johannes,
umzukehren und sich nicht freiwillig in die Hände der
Räuber zu geben. Aber Abt Johannes ritt weiter, ohne
sich um seine Klagen zu kümmern. Er hatte bald das
Flachland hinter sich und kam nun hinauf in die einsamen, wilden Wälder. Hier wurde der Weg schlechter. Er
war eigentlich nur noch ein steiniger, nadelbestreuter
Pfad, und nicht Brücke nicht Steg halfen ihnen über Flüs-
se und Bäche. Je länger sie ritten, desto kälter wurde es,
und tief drinnen im Walde war der Boden mit Schnee
bedeckt.

Es war ein langer und beschwerlicher Ritt. Sie schnit-
ten auf steilen und schlüpfrigen Seitenpfaden den Weg
ab und zogen über Moor und Sumpf, drangen durch

Windbrüche und Dickicht. Gerade als der Tag zur Neige ging, führte der Räuberjunge sie über eine Waldwiese, die von hohen Bäumen umgeben war, von nackten Laubbäumen und von grünen Nadelbäumen. Hinter der Wiese erhob sich eine Felswand, und in der Felswand sahen sie eine Tür aus rohen Planken. Nun merkte Abt Johannes, dass sie am Ziel waren, und er stieg vom Pferde. Das Kind öffnete ihm die schwere Tür, und er sah in eine ärmliche Berggrotte mit nackten Steinwänden. Die Räubermutter saß an einem Blockfeuer, das mitten auf dem Boden brannte, an den Wänden standen Lagerstätten aus Tannenreisig und Moos, und auf einer von ihnen lag der Räubervater und schlief.

»Kommt herein, ihr dort draußen!«, rief die Räubermutter, ohne aufzustehen. »Und nehmt die Pferde mit, damit sie nicht draußen in der Nachtkälte zugrunde gehen!«

Abt Johannes trat nun kühnlich in die Grotte, und der Laienbruder folgte ihm. Da sah es gar ärmlich und dürftig aus, und nichts war geschehen, um das Weihnachtsfest zu feiern. Die Räubermutter hatte weder gebraut noch gebacken, sie hatte weder gefegt noch gescheuert. Ihre Kinder lagen auf der Erde rings um einen Kessel, aus dem sie aßen; aber darin war nichts Besseres als dünne Wassergrütze. Doch die Räubermutter war ebenso stolz und selbstbewusst wie nur irgendeine wohlbestallte Bauersfrau.

»Setz dich nun hier ans Feuer, Abt Johannes, und wärme dich«, sagte sie, »und wenn du Wegzehrung mitgebracht hast, so iss, denn was wir hier im Walde kochen, wird dir wohl nicht munden. Und wenn du vom Ritt müde bist, kannst du dich auf eine dieser Lagerstätten ausstrecken und ruhen. Du brauchst keine Angst zu haben, dass du dich verschlafen könntest. Ich sitze hier am Feuer und wache, und ich will dich schon wecken, damit du zu sehen bekommst, wonach du ausgeritten bist.«

Abt Johannes gehorchte der Räubermutter in allen Stücken und nahm seinen Schnappsack hervor. Aber er war nach dem Ritt so müde, dass er kaum zu essen vermochte; und sowie er sich auf dem Lager ausgestreckt hatte, schlummerte er ein.

Dem Laienbruder ward auch eine Ruhestatt angewiesen, aber er wagte nicht zu schlafen, weil er ein wachsames Auge auf den Räubervater haben wollte, damit dieser nicht etwa aufstünde und Abt Johannes fesselte. Allmählich jedoch erlangte die Müdigkeit auch über ihn solche Gewalt, dass er einschlummerte.

Als er erwachte, sah er, dass Abt Johannes sein Lager verlassen hatte und jetzt am Feuer saß und mit der Räubermutter Zwiesprache hielt. Der Räubervater saß daneben. Er war ein hoch aufgeschossener, magerer Mann und sah schwerfällig und trübsinnig aus. Er kehrte Abt Johannes den Rücken, und es sah aus, als wolle er nicht zeigen, dass er dem Gespräch zuhörte.

Abt Johannes erzählte der Räubermutter von all den Weihnachtszurüstungen, die er unterwegs gesehen hatte, und er erinnerte sie an die Weihnachtsfeste und die fröhlichen Weihnachtsspiele, die wohl auch sie in ihrer Jugend mitgemacht hätte, als sie noch in Frieden unter den Menschen lebte. »Es ist ein Jammer, dass eure Kinder nie verkleidet auf der Dorfstraße umhertollen oder im Weihnachtsstroh spielen dürfen«, sagte Abt Johannes. Die Räubermutter hatte ihm zuerst kurz und barsch geantwortet, aber so allmählich wurde sie kleinlauter und lauschte eifrig.

Plötzlich wendete sich der Räubervater gegen Abt Johannes und hielt ihm die geballte Faust vor das Gesicht. »Du elender Mönch, bist du hierhergekommen, um Weib und Kinder von mir fortzulocken? Weißt du nicht, dass ich ein friedloser Mann bin und diesen Wald nicht verlassen darf?«

Abt Johannes sah ihm unerschrocken gerade in die Augen. »Mein Wille ist es, dir einen Freibrief vom Erzbischof zu verschaffen«, sagte er.

Kaum hatte er dies gesagt, als der Räubervater und die Räubermutter ein schallendes Gelächter aufschlugen. Sie wussten nur zu wohl, welche Gnade ein Waldräuber vom Bischof Absalon zu erwarten hatte. »Ja, wenn ich einen Freibrief von Absalon bekomme«, sagte der Räubervater, »dann gelobe ich dir, nie mehr auch nur so viel wie eine Gans zu stehlen.«

Den Gärtnergehilfen verdross es sehr, dass das Räuberpack sich vermaß, Abt Johannes auszulachen; aber dieser selbst schien es ganz zufrieden zu sein. Der Knecht hatte ihn kaum je friedvoller und milder unter seinen Mönchen auf Öved sitzen sehen, als er ihn jetzt unter den wilden Räuberleuten sah.

Aber plötzlich sprang die Räubermutter auf. »Du sitzt hier und plauderst, Abt Johannes«, sagte sie, »und wir vergessen ganz, nach dem Wald zu sehen. Jetzt höre ich bis in unsere Höhle, wie die Weihnachtsglocken läuten.«

Kaum war dies gesagt, als alle aufsprangen und hinausliefen; aber im Walde war noch dunkle Nacht und grimmiger Winter. Das Einzige, was man vernahm, war ferner Glockenklang, der von einem leisen Südwind hergetragen wurde.

»Wie soll dieser Glockenklang den toten Wald wecken können?«, dachte Abt Johannes. Denn jetzt, wo er mitten im Waldesdunkel stand, schien es ihm viel unmöglicher als früher, dass hier ein Lustgarten erstehen könnte. Aber als die Glocke ein paar Augenblicke geläutet hatte, zuckte plötzlich ein Lichtstrahl durch den Wald. Gleich darauf wurde es ebenso dunkel wie zuvor, aber dann kam das Licht wieder. Es kämpfte sich wie ein leuchtender Nebel zwischen den dunklen Bäumen durch. Und so viel vermochte es, dass die Dunkelheit in schwache Morgendämmerung überging.

Da sah Abt Johannes, wie der Schnee vom Boden verschwand, als hätte jemand einen Teppich fortgezogen, und die Erde begann zu grünen. Das Farnkraut streckte seine Triebe hervor, eingerollt wie Bischofsstäbe. Die Erika, die auf der Steinhalde wuchs, und der Porsch, der im Moor wurzelte, kleideten sich rasch in frisches Grün. Die Mooshügelchen schwollen und hoben sich, und die Frühlingsblumen schossen mit schwellenden Knospen auf, die schon einen Schimmer von Farbe hatten.

Abt Johannes klopfte das Herz heftig, als er die ersten Zeichen sah, dass der Wald erwachen wollte. »Soll nun ich alter Mann ein solches Wunder schauen?«, dachte er. Und die Tränen wollten ihm in die Augen treten.

Nun wurde es wieder so dämmerig, dass er fürchtete, die nächtliche Finsternis könnte aufs Neue Macht erlangen. Aber sogleich kam eine neue Lichtwelle hereingebrochen. Die brachte das Murmeln von Bächlein und das Rauschen der eisbefreiten Bergströme mit. Da schlugen die Blätter der Laubbäume so rasch aus, als wären grüne Schmetterlinge herangeflattert und hätten sich auf den Zweigen niedergelassen. Und nicht nur die Bäume und Pflanzen erwachten. Die Kreuzschnäbel begannen über die Zweige zu hüpfen. Die Spechte hämmerten an die Stämme, dass die Holzsplitter nur so flogen. Ein Zug Stare, der das Land hinanflog, ließ sich in einem Tannenwipfel nieder, um zu ruhen. Es waren prächtige Stare. Die Spitze jedes kleinen Federchens leuchtete glänzend rot, und wenn die Vögel sich bewegten, glitzerten sie wie Edelsteine.

Wieder wurde es für ein Weilchen still, aber bald begann es von Neuem. Ein starker, warmer Südwind blies und säte über die Waldwiese all die Samen aus südlichen Ländern, die von Vögeln und Schiffen und Winden in das Land gebracht worden waren und auf seinem kargen Boden nirgends anders blühen konnten; und sie schlugen Wurzel und schossen Triebe in demselben Augenblick, da sie den Boden berührten.

Als die nächste Welle kam, fingen Blaubeeren und

Preiselbeeren zu blühen an. Wildgänse und Kraniche riefen hoch oben in der Luft, die Buchfinken bauten ihr Nest, und die Eichhörnchen begannen in den Baumzweigen zu spielen.

Alles ging nun so rasch, dass Abt Johannes gar keine Zeit hatte, zu überlegen, welches Wunder gerade geschah. Er hatte nur Zeit, Augen und Ohren weit aufzumachen. Die nächste Welle, die herangebraust kam, brachte den Duft frisch gepflügter Felder. Aus weiter Ferne hörte man, wie die Hirtinnen die Kühe lockten und wie die Glöckchen der Lämmer klingelten. Tannen und Fichten bekleideten sich so dicht mit kleinen roten Zapfen, dass die Bäume wie Seide leuchteten. Der Wacholder trug Beeren, die jeden Augenblick die Farbe wechselten. Und die Waldblumen bedeckten den Boden, dass er ganz weiß und blau und gelb war.

Abt Johannes beugte sich zur Erde und brach eine Erdbeerblüte. Und während er sich aufrichtete, reifte die Beere. Die Füchsin kam aus ihrer Höhle mit einer großen Schar von schwarzbeinigen Jungen hinter sich her. Sie ging auf die Räubermutter zu und rieb sich an ihrem Rock, und die Räubermutter beugte sich zu ihr hinunter und lobte ihre Jungen. Der Uhu, der eben seine nächtliche Jagd begonnen hatte, kehrte wieder nach Hause zurück, ganz erstaunt über das Licht, suchte seine Schlucht auf und legte sich schlafen. Der Kuckuck rief, und das Kuckucksweibchen umkreiste mit einem Ei im Schnabel die Nester der Singvögel.

Die Kinder der Räubermutter stießen zwitschernde

Freudenschreie aus. Sie aßen sich an den Waldbeeren satt, die groß wie Tannenzapfen an den Sträuchern hingen. Eines von ihnen spielte mit einer Schar junger Hasen, ein andres lief mit den jungen Krähen um die Wette, die aus dem Nest gehüpft waren, ehe sie noch flügge waren, das dritte hob die Natter vom Boden und wickelte sie sich um Hals und Arm. Der Räubervater stand draußen auf dem Moor und aß Brombeeren. Als er aufsah, ging ein großes, schwarzes Tier neben ihm einher. Da brach der Räubervater einen Weidenzweig und schlug dem Bären auf die Schnauze. »Bleib du, wo du hingehörst«, sagte er. »Das ist mein Platz.« Da machte der Bär kehrt und trabte nach seiner Seite fort.

Immer wieder kamen neue Wellen von Wärme und Licht, und jetzt brachten sie Entengeschnatter vom Waldmoor her. Gelber Blütenstaub von den Feldern schwebte in der Luft. Schmetterlinge kamen, so groß, dass sie wie fliegende Lilien aussahen. Das Nest der Bienen in einer hohlen Eiche war schon so voll von Honig, dass er am Stamm hinuntertropfte. Jetzt begannen auch die Blumen sich zu entfalten, deren Samen aus fremden Ländern gekommen waren. Die Rosenbüsche kletterten um die Wette mit den Brombeeren die Felswand hinan, und oben auf der Waldwiese sprossen Blumen, so groß wie ein Menschengesicht. Abt Johannes dachte an die Blume, die er für Bischof Absalon pflücken wollte, aber eine Blume wuchs herrlicher heran als die andre, und er wollte die allerschönste wählen.

Welle um Welle kam, und jetzt war die Luft so von

Licht durchtränkt, dass sie glitzerte. Und alle Lust und aller Glanz und alles Glück des Sommers lächelte rings um Abt Johannes. Es war ihm, als könnte die Erde keine größere Freude bringen als die, die ihn über den plötzlichen Anbruch der schönen Jahreszeit erfüllte, und er sagte zu sich selbst: »Jetzt weiß ich nicht, was die nächste Welle, die kommt, noch an Herrlichkeit bringen kann.«

Aber das Licht strömte noch immer zu, und jetzt deuchte es Abt Johannes, dass es etwas aus einer unendlichen Ferne bringe. Er fühlte, wie überirdische Luft ihn umwehte, und er begann zitternd zu erwarten, es würde nun, nachdem die Freude der Erde gekommen war, des Himmels Herrlichkeit anbrechen.

Abt Johannes merkte, wie alles still wurde: Die Vögel verstummten, die jungen Füchslein spielten nicht mehr, und die Blumen ließen ab, zu wachsen. Die Seligkeit, die nahte, war von der Art, dass einem das Herz stillstehen wollte; das Auge weinte, ohne dass es darum wusste, die Seele sehnte sich, in die Ewigkeit hinüberzufliegen. Aus weiter, weiter Ferne hörte man leise Harfentöne und überirdischen Gesang. Abt Johannes faltete die Hände und sank auf die Knie. Sein Gesicht strahlte von Seligkeit. Nie hatte er erwartet, dass es ihm beschieden sein würde, schon in diesem Leben des Himmels Wonne zu kosten und die Engel Weihnachtslieder singen zu hören.

Aber neben Abt Johannes stand der Gärtnergehilfe, der ihn begleitet hatte. Er sah den Räuberwald voll Grün und Blumen, und er wurde zornig in seinem Herzen, weil er sah, dass er einen solchen Lustgarten nie und nimmer schaffen könnte, wie er sich auch mit Hacke und Spaten mühte. Und er vermochte nicht zu begreifen, warum Gott solche Herrlichkeit an das Räubergesindel verschwendete, das seine Gebote missachtete. Gar dunkle Gedanken zogen durch seinen Kopf. »Das kann kein rechtes Wunder sein«, dachte er, »das sich bösen Missetätern zeigt. Das kann nicht von Gott stammen, das ist aus Zauberei entsprungen. Es ist von des Teufels arger List hierher gesandt. Es ist die Macht des bösen Feindes, die uns verhext und uns zwingt, das zu sehen, was nicht ist.«

In der Ferne hörte man Engelsharfen klingen, und Engelsgesang ertönte, aber der Laienbruder glaubte, dass es die böse Macht der Unholde sei, die nahe. »Sie wollen uns locken und verführen«, seufzte er, »nie kommen wir mit heiler Haut davon, wir werden betört und dem Abgrund verkauft.«

Jetzt waren die Engelscharen so nahe, dass Abt Johannes ihre Lichtgestalten zwischen den Stämmen des Waldes schimmern sah. Und der Laienbruder sah dasselbe wie er, aber er dachte nur, welche Arglist darin läge, dass die bösen Geister ihre Künste gerade in der Nacht betrieben, in der der Heiland geboren war. Dies geschehe ja nur, um die Christen umso sicherer ins Verderben zu stürzen.

Die ganze Zeit über hatten die Vögel Abt Johannes' Haupt umschwärmt, und er hatte sie zwischen seine Hände nehmen können. Aber vor dem Laienbruder hatten sich die Tiere gefürchtet: Kein Vogel hatte sich auf seine Schulter gesetzt, und keine Schlange spielte zu seinen Füßen. Nun war da eine kleine Waldtaube. Als sie merkte, dass die Engel nahe waren, nahm sie ihren ganzen Mut zusammen und flog dem Laienbruder auf die Schulter und schmiegte das Köpfchen an seine Wange. Da vermeinte er, dass der Zauber ihm nun völlig auf den Leib rücke, ihn in Versuchung zu führen und zu verderben. Er schlug mit der Hand nach der Waldtaube und rief mit lauter Stimme, sodass es durch den Wald hallte: »Zeuch du zur Hölle, von wannen du kommen bist!«

Gerade da waren die Engel so nahe, dass Abt Johannes den Hauch ihrer mächtigen Fittiche fühlte, und er hatte sich zur Erde geneigt, sie zu grüßen. Aber als die Worte des Laienbruders ertönten, da verstummte urplötzlich ihr Gesang, und die heiligen Gäste wendeten sich zur Flucht. Und ebenso floh das Licht und die milde Wärme in unsäglichem Schreck vor der Kälte und Finsternis in einem Menschenherzen. Die Dunkelheit sank auf die Erde hinab wie eine Decke, die Kälte kam, die Pflanzen auf dem Boden schrumpften zusammen, die Tiere enteilten, das Rauschen der Wasserfälle verstummte, das Laub fiel von den Bäumen, prasselnd wie Regen.

Abt Johannes fühlte, wie sein Herz, das eben vor Seligkeit gezittert hatte, sich jetzt in unsäglichem Schmerz zusammenkrampfte. »Niemals kann ich dies überleben«, dachte er, »dass die Engel des Himmels mir so nahe waren und vertrieben wurden, dass sie mir Weihnachtslieder singen wollten und in die Flucht gejagt wurden.«

In demselben Augenblick erinnerte er sich an die Blume, die er Bischof Absalon versprochen hatte, und er beugte sich zur Erde und tastete unter dem Moos und Laub, um noch im letzten Augenblick etwas zu finden. Aber er fühlte, wie die Erde unter seinen Fingern gefror und wie der weiße Schnee über den Boden geglitten kam. Da ward sein Herzeleid noch größer. Er konnte sich nicht erheben, sondern musste auf dem Boden liegen bleiben.

Als die Räuberleute und der Laienbruder sich in der tiefen Dunkelheit zur Räuberhöhle zurückgetappt hatten, da vermissten sie Abt Johannes. Sie nahmen glühende Scheite aus dem Feuer und zogen aus, ihn zu suchen, und sie fanden ihn tot auf der Schneedecke liegen. Und der Laienbruder hub an zu weinen und zu klagen, denn er erkannte, dass er es war, der Abt Johannes getötet hatte, weil er ihm den Freudenbecher entrissen, nach dem er gelechzt hatte.

Aber als Abt Johannes nach Öved hinuntergebracht worden war, sahen die, die sich des Toten annahmen, dass er seine rechte Hand hart um etwas geschlossen hielt, was er in seiner Todesstunde umklammert haben musste. Und als sie die Hand endlich öffnen konnten, fanden sie, dass das, was er mit solcher Stärke festhielt, ein paar weiße Wurzelknollen waren, die er aus Moos und Laub hervorgerissen hatte. Und als der Laienbruder, der Abt Johannes geleitet hatte, diese Wurzeln sah, nahm er sie und pflanzte sie in des Abtes Garten in die Erde. Er pflegte sie und wartete das ganze Jahr, dass eine Blume daraus erblühe, doch er wartete vergebens den ganzen Frühling und Sommer und Herbst.

Als endlich der Winter anbrach und alle Blätter und

Blumen tot waren, hörte er auf zu warten. Als aber der Weihnachtsabend kam, da überkam ihn die Erinnerung an Abt Johannes so mächtig, dass er in den Lustgarten hinausging, seiner zu gedenken. Und siehe, wie er nun an der Stelle vorbeikam, wo er die kahlen Wurzelknollen eingepflanzt hatte, da sah er, dass üppige grüne Stängel daraus emporgesprosst waren, die schöne Blumen mit silberweißen Blättern trugen.

Da rief er alle Mönche von Öved zusammen, und als sie sahen, dass diese Pflanze am Weihnachtsabend blühte, wo alle anderen Blumen tot waren, da erkannten sie, dass sie wirklich von Abt Johannes aus dem Weihnachtslustgarten im Göinger Wald gepflückt war. Der Laienbruder sagte den Mönchen, da nun ein so großes Wunder geschehen sei, sollten sie einige von den Blumen dem Bischof Absalon schicken.

Als nun der Laienbruder vor Bischof Absalon hintrat, reichte er ihm die Blumen und sagte: »Dies schickt dir Abt Johannes. Es sind die Blumen, die er dir aus dem Weihnachtslustgarten im Göinger Walde zu pflücken versprochen hat.«

Und als Bischof Absalon die Blumen sah, die in dunkler Winternacht der Erde entsprossen waren, und als er die Worte hörte, wurde er so bleich, als wäre er einem Toten begegnet. Eine Weile saß er schweigend da, dann sagte er: »Abt Johannes hat sein Wort gut gehalten; so will auch ich das meine halten.« Und er ließ einen Freibrief für den wilden Räuber ausstellen, der von Jugend an friedlos im Walde gelebt hatte.

Er übergab dem Laienbruder den Brief, und dieser zog damit von dannen, hinauf in den Wald und suchte den Weg zur Räuberhöhle. Als er am Weihnachtstage dort eintrat, da eilte ihm der Räuber mit erhobener Axt entgegen. »Ich will euch Mönche niederschlagen, so viele euer auch sind!«, rief er. »Sicherlich hat sich um euretwillen der Göinger Wald in dieser Nacht nicht in sein Weihnachtskleid gehüllt.«

»Es ist einzig und allein meine Schuld«, sagte der Laienbruder, »und ich will gerne dafür sterben. Aber zuerst muss ich dir eine Botschaft von Abt Johannes bringen.« Und er zog den Brief des Bischofs heraus und verkündete ihm, dass er nicht mehr vogelfrei sei, und zeigte ihm das Siegel Absalons, das an dem Pergamente hing. »Fortab sollst du mit deinen Kindern im Weihnachtsstroh spielen, und ihr sollt das Christfest unter den Menschen feiern, wie es der Wunsch des Abtes Johannes war«, sagte er.

Da blieb der Räubervater stumm und bleich stehen, aber die Räubermutter sagte in seinem Namen: »Abt Johannes hat sein Wort getreulich gehalten, so wird auch der Räubervater das seine halten.«

Doch als der Räubervater und die Räubermutter aus der Räuberhöhle fortzogen, da zog der Laienbruder hinein und hauste dort einsam im Walde unter unablässigem Gebet, dass sein hartes Herz ihm verziehen werde.

Und niemand darf ein strenges Wort über einen sagen, der bereut und sich bekehrt hat, wohl aber kann man wünschen, dass seine bösen Worte ungesagt geblieben wären, denn nie mehr hat der Göinger Wald die Geburtsstunde des Heilands gefeiert, und von seiner ganzen Herrlichkeit lebt nur noch die Pflanze, die Abt Johannes dereinst gepflückt hat. Man hat sie Christrose genannt, und jedes Jahr lässt sie ihre weißen Blüten und ihre grünen Stängel um die Weihnachtszeit aus dem Erdreich sprießen, als könnte sie nie und nimmer vergessen, dass sie einmal in dem großen Weihnachtslustgarten erwachsen ist.

17.
Dezember

Der allererste Weihnachtsbaum

Hermann Löns

Der Weihnachtsmann ging durch den Wald. Er war ärgerlich. Sein weißer Spitz, der sonst immer lustig bellend vor ihm auflief, merkte das und schlich hinter seinem Herrn mit eingezogener Rute her.

Er hatte nämlich nicht mehr die rechte Freude an seiner Tätigkeit. Es war alle Jahre dasselbe. Es war kein Schwung in der Sache. Spielzeug und Esswaren, das war auf die Dauer nichts. Die Kinder freuten sich wohl darüber, aber quieken sollten sie und jubeln und singen, so wollte er es, das taten sie aber nur selten.

Den ganzen Dezembermonat hatte der Weihnachtsmann schon darüber nachgegrübelt, was er wohl Neues erfinden könne, um einmal wieder eine rechte Weihnachtsfreude in die Kinderwelt zu bringen, eine Weihnachtsfreude, an der auch die Großen teilnehmen würden. Kostbarkeiten durften es auch nicht sein, denn er hatte so und so viel auszugeben und mehr nicht. So stapfte er denn auch durch den verschneiten Wald, bis er auf dem Kreuzweg war, dort wollte er das Christkindchen treffen. Mit dem beriet er sich nämlich immer über die Verteilung der Gaben.

Schon von Weitem sah er, dass das Christkindchen da war, denn ein heller Schein war dort. Das Christkindchen hatte ein langes, weißes Pelzkleidchen an und lachte über das ganze Gesicht. Denn um es herum lagen große

Bündel Kleeheu und Bohnenstiegen und Espen- und Weidenzweige, und daran taten sich die hungrigen Hirsche und Rehe und Hasen gütlich. Sogar für die Sauen gab es etwas, Kastanien, Eicheln und Rüben.

Der Weihnachtsmann nahm seinen Wolkenschieber ab und bot dem Christkindchen die Tageszeit. »Na, Alterchen, wie geht's?«, fragte das Christkind, »hast wohl schlechte Laune?« Damit hakte es den Alten unter und ging mit ihm. Hinter ihnen trabte der kleine Spitz, aber er sah gar nicht mehr betrübt aus und hielt seinen Schwanz kühn in die Luft.

»Ja«, sagte der Weihnachtsmann, »die ganze Sache macht mir so recht keinen Spaß mehr. Liegt es am Alter oder an sonst was, ich weiß nicht, ich hab kein Fiduz mehr dazu. Das mit den Pfefferkuchen und den Äpfeln und Nüssen das ist nichts mehr. Das essen sie auf, und dann ist das Fest vorbei. Man müsste etwas Neues erfinden, etwas, das nicht zum Essen und nicht zum Spielen ist, aber wobei Alt und Jung singt und lacht und fröhlich wird.«

Das Christkindchen nickte und machte ein nachdenkliches Gesicht; dann sagte es: »Da hast du recht, Alter, mir ist das auch schon aufgefallen. Ich habe daran auch schon gedacht, aber das ist nicht so leicht.«

»Das ist es ja gerade«, knurrte der Weihnachtsmann, »ich bin zu alt und zu dumm dazu. Ich habe schon richtiges Kopfweh von dem alten Nachdenken, und es fällt mir doch nichts Vernünftiges ein. Wenn es so weitergeht, schläft allmählich die ganze Sache ein, und es wird ein

Fest wie alle anderen, von dem die Menschen dann weiter nichts haben als Faulenzen, Essen und Trinken.«

Nachdenklich gingen beide durch den weißen Winterwald, der Weihnachtsmann mit brummigem, das Christkindchen mit nachdenklichem Gesichte. Es war so still im Wald, kein Zweig rührte sich, nur wenn die Eule sich auf einen Ast setzte, fiel ein Stück Schneebehang mit halblautem Ton herab. So kamen die beiden, den Spitz hinter sich, aus dem hohen Holze auf einen alten Kahlschlag, auf dem große und kleine Tannen standen. Das sah nun wunderschön aus. Der Mond schien hell und klar, alle Sterne leuchteten, der Schnee sah aus wie Silber, und die Tannen standen darin, schwarz und weiß, dass es eine Pracht war. Eine fünf Fuß hohe Tanne, die allein im Vordergrund stand, sah besonders reizend aus. Sie war regelmäßig gewachsen, hatte auf jedem Zweig einen Schneestreifen, an den Zweigspitzen kleine Eiszapfen, und glitzerte und flimmerte nur so im Mondenschein.

Das Christkindchen ließ den Arm des Weihnachtsmanns los, stieß den Alten an, zeigte auf die Tanne und sagte: »Ist das nicht wunderhübsch?«

»Ja«, sagte der Alte, »aber was hilft mir das?«

»Gib ein paar Äpfel her«, sagte das Christkindchen, »ich habe einen Gedanken.«

Der Weihnachtsmann machte ein dummes Gesicht, denn er konnte es sich nicht recht vorstellen, dass das Christkind bei der Kälte Appetit auf die eiskalten Äpfel hatte. Er hatte zwar noch einen guten alten Schnaps in seinem Dachsholster, aber den mochte er dem Christkindchen nicht anbieten.

Er machte sein Tragband ab, stellte seine riesige Kiepe in den Schnee, kramte darin herum und langte ein paar recht schöne Apfel heraus. Dann fasste er in die Tasche, holte sein Messer heraus, wetzte es an einem Buchenstamm und reichte es dem Christkindchen.

»Sieh, wie schlau du bist«, sagte das Christkindchen. »Nun schneid' mal etwas Bindfaden in zweifingerlange Stücke, und mach mir kleine spitze Pflöckchen.«

Dem Alten kam das alles etwas ulkig vor, aber er sagte nichts, und tat, was das Christkind ihm sagte. Als er die Bindfadenenden und die Pflöckchen fertig hatte, nahm das Christkind einen Apfel, steckte ein Pflöckchen hinein, band den Faden daran und hängte den an einen Ast.

»So«, sagte es dann, »nun müssen auch an die anderen welche, und dabei kannst du helfen, aber vorsichtig, dass kein Schnee abfällt!«

Der Alte half, obgleich er nicht wusste, warum. Aber es machte ihm schließlich Spaß, und als die ganze kleine Tanne voll von rotbäckigen Äpfeln hing, da trat er fünf Schritte zurück, lachte und sagte: »Kiek, wie niedlich das aussieht! Aber was hat das alles für 'n Zweck?«

»Braucht denn alles gleich einen Zweck zu haben?« lachte das Christkind. »Pass auf, das wird noch schöner. Nun gib mal Nüsse her!«

Der Alte krabbelte aus seiner Kiepe Walnüsse heraus und gab sie dem Christkindchen. Das steckte in jedes ein Hölzchen, machte einen Faden daran, rieb immer eine

Nuss an der goldenen Oberseite seiner Klügel, und dann war die Nuss golden, und die nächste an der silbernen Unterseite seiner Flügel, und dann hatte es eine silberne Nuss, und hängte die zwischen die Äpfel.

»Was sagst nun, Alterchen?«, fragte es dann, »ist das nicht allerliebst?«

»Ja«, sagte der, »aber ich weiß immer noch nicht –«

»Kommt schon!«, lachte das Christkindchen. »Hast du Lichter?«

»Lichter nicht«, meinte der Weihnachtsmann, »aber 'n Wachsstock!«

»Das ist fein«, sagte das Christkind, nahm den Wachsstock, zerschnitt ihn und drehte erst ein Stück um den Mitteltrieb des Bäumchens und die anderen Stücke um die Zweigenden, bog sie hübsch gerade und sagte dann: »Feuerzeug hast du doch?«

»Gewiss«, sagte der Alte, holte Stein, Stahl und Schwammdose heraus, pinkte Feuer aus dem Stein, ließ den Zunder in der Schwammdose zum Glimmen kommen und steckte daran ein paar Schwefelspäne an. Die gab er dem Christkindchen. Das nahm einen hellbrennenden Schwefelspan und steckte damit erst das oberste Licht an, dann das nächste davon rechts, dann das gegenüberliegende, und rund um das Bäumchen gehend, brachte es so ein Licht nach dem andern zum Brennen.

Da stand nun das Bäumchen im Schnee; aus seinem halbverschneiten dunklen Gezweig sahen die roten Backen der Äpfel, die Gold- und Silbernüsse blitzten und funkelten, und die gelben Wachskerzen brannten feierlich. Das Christkindchen lachte über das ganze rosige Gesicht und patschte in die Hände, der alte Weihnachtsmann sah gar nicht mehr so brummig aus, und der kleine weiße Spitz sprang hin und her und bellte.

Als die Lichter ein wenig heruntergebrannt waren, wehte das Christkindchen mit seinen goldsilbernen Flügeln, und da gingen die Lichter aus. Es sagte dem Weihnachtsmann, er solle das Bäumchen vorsichtig absägen. Das tat der, und dann gingen beide den Berg hinab und nahmen das bunte Bäumchen mit.

Als sie in den Ort kamen, schlief schon alles. Beim kleinsten Hause machten die beiden halt. Das Christkind machte leise die Tür auf und trat ein; der Weihnachtsmann ging hinterher. In der Stube stand ein dreibeiniger Schemel mit einer durchlochten Platte, den stellten sie auf den Tisch und steckten den Baum hinein. Der Weihnachtsmann legte dann noch allerlei schöne Dinge – Spielzeug, Kuchen, Äpfel und Nüsse – unter den Baum, und dann verließen beide das Haus ebenso leise, wie sie es betreten hatten.

Als der Mann, dem das Häuschen gehörte, am andern Morgen erwachte und den bunten Baum sah, da staunte er und wusste nicht, was er dazu sagen sollte. Als er aber an dem Türpfosten, den des Christkinds Flügel gestreift hatte, Gold- und Silberflimmer hängen sah, da wusste er Bescheid. Er steckte die Lichter an dem Bäumchen an und weckte Frau und Kinder.

Das war eine Freude in dem kleinen Hause, wie an keinem Weihnachtstage. Keines von den Kindern sah nach dem Spielzeug und nach dem Kuchen und den Äpfeln, sie sahen nur alle nach dem Lichterbaum. Sie fassten sich an die Hände, tanzten um den Baum und sangen alle Weihnachtslieder, die sie wussten, und selbst das Kleinste, was noch auf dem Arm getragen wurde, krähte, was es krähen konnte.

Vor dem Fenster aber standen das Christkindchen und der Weihnachtsmann und sahen lächelnd zu.

Als es helllichter Tag geworden war, da kamen die Freunde und Verwandten des Bergmanns, sahen sich das Bäumchen an, freuten sich darüber und gingen gleich in den Wald, um sich für ihre Kinder auch ein Weihnachtsbäumchen zu holen. Die anderen Leute, die das sahen, machten es nach, jeder holte sich einen Tannenbaum und putzte ihn an, der eine so, der andere so, aber Lichter, Äpfel und Nüsse hängten sie alle daran.

Als es dann Abend wurde, brannte im ganzen Dorf Haus bei Haus ein Weihnachtsbaum, überall hörte man Weihnachtslieder und das Jubeln und Lachen der Kinder.

Von da aus ist der Weihnachtsmann über ganz Deutschland gewandert, und von da über die ganze Erde. Weil aber der erste Weihnachtsbaum am Morgen brannte, so wird in manchen Gegenden den Kindern morgens beschert.

18.

Dezember

Der Schnee

Sophie Reinheimer

Heute war Weihnachten. Aber erst heute Abend! Jetzt war es noch ganz hell auf der Straße und im Garten, denn es war noch Tag.

»Heute Abend ist Weihnachten«, zwitscherten die Spatzen sich im Garten gegenseitig zu, und dann flogen sie zu den Bäumen und Sträuchern hin, um es denen zu erzählen.

Aber die wussten es schon.

»Wir haben gesehen, wie der Christbaum in das Haus getragen wurde«, sagten sie. – Die Spatzen hatten aber noch viel mehr gesehen, denn neugierig, wie sie nun einmal waren, hatten sie sich den ganzen Nachmittag auf dem Fensterbrett herumgetrieben und in das Zimmer geguckt, in dem die Weihnachtsbescherung aufgebaut war.

»Den Christbaum«, sagten sie, »haben wir auch gesehen; aber wir hätten ihn beinahe nicht wiedererkannt, so schön war er geschmückt mit Äpfeln und Nüssen und Gold und Silber und bunten Papierketten.«

»Wie schön!«, sagten die Bäume und Sträucher und blickten traurig auf ihre kahlen Äste nieder. Da waren nicht einmal mehr Blätter daran. Und der große Apfelbaum auf dem Rasenplatz gedachte wehmütig der schönen Zeit, in der er auch voll schöner roter Äpfel gehangen hatte.

»Vielleicht sind es meine Äpfel, die nun an dem Christbaum hängen«, sagte er. Das wussten freilich die Spatzen nicht; aber viel anderes wussten sie und erzählten es.

»Der kleine Junge, der Richard, der kriegt eine Kappe und Hermine einen Mantel und ein Buch mit Geschichten; wir haben das alles auf dem Tische liegen sehen; auch eine schöne warme Decke für die Großmutter lag dabei, damit sie nicht friert. Aber das Schönste, das kommt erst noch! Heute Abend, wenn die vielen Lichter an dem Christbaum erst alle brennen. Das wird herrlich!«

»Ja – ihr habt's gut«, brummte die dicke Pumpe, die auch im Garten stand. »Unsereins kriegt keine Geschenke und sieht nichts von Christbaum und Lichtern. Wenn ich doch auch fliegen könnte!«

Darüber mussten die Spatzen nun furchtbar lachen. Es war doch auch zu komisch, zu denken, dass die dicke Pumpe fliegen könne.

Die andern im Garten gaben alle der Pumpe recht. »Wenn man wenigstens eine Kappe geschenkt bekäme«, riefen die hölzernen Pfähle des Gartenzauns.

»Oder einen schönen Mantel«, meinte das Dach der Laube. Der Rasen wollte lieber eine warme Decke haben wie die Großmutter, um seine Grashälmchen damit zuzudecken, denn die froren gar gewaltig in dem kalten Winter.

»Ein Buch mit schönen Geschichten wäre auch nicht übel«, sagten die Sträucher. »Es ist doch manchmal ganz entsetzlich langweilig im Winter, wenn keine Schmetterlinge und Vögel kommen, um uns was zu erzählen.«

So wünschte sich alles im Garten etwas. Ja – wünschen konnten sie sich schon – aber wer sollte die Wünsche alle erfüllen? Das Christkind etwa? Ach – das hatte wahrhaftig gerade genug mit den Menschen zu tun.

Traurig blickten Bäume und Sträucher und der Rasenplatz und die Zaunpfähle zum Himmel hinauf; da war es ganz grau.

»Es ist schon das Klügste, wir schlafen ein«, sagte der Rasen. »Zu sehen bekommen wir ja doch nichts von all den Herrlichkeiten; es ist ja auch schon ganz dunkel geworden.« Die anderen dachten das auch, und bald darauf war es im ganzen Garten mäuschenstill. – Alles schlief.

Aber was war das, das plötzlich oben vom Himmel herunterkam? Lauter kleine weiße Flöckchen, – Schneeflocken waren es. Was wollten sie wohl? Warum kamen sie herunter auf die Erde? Und so leise kamen sie, so leise, dass man sie gar nicht hörte! Und nur ganz sachte sprachen sie miteinander.

»Wie kalt das ist«, flüsterten die einen; »es ist nur gut, dass uns Mutter Wolke unsere weißen Sternmäntelchen angezogen hat.« Sie waren sehr stolz auf ihre schönen weißen Sternmäntel, und die kleinsten von ihnen tanzten in der Luft herum vor lauter Vergnügen.

Ein Paar ganz große Flocken waren auch dabei, aber sie flogen schön langsam und vernünftig ihres Weges daher und hielten auch die andern zur Ordnung an.

»Nun macht eure Sache gut«, sagten sie. »Und dass ihr nichts vergesst! Und dass ihr schön leise macht, damit

niemand im Garten aufwacht, sonst ist's mit der Überraschung vorbei.«

Die Schneeflocken nickten stumm. Nun waren die
ersten unten im Garten angelangt. Nichts rührte und
regte sich darin, alles schlief. Das war den Schneeflocken
gerade recht, denn sie hatten eine große Überraschung
vor. Leise wanderten sie zu den schlafenden Sträuchern
und zu den Bäumen hin und schmückten sie fein zierlich
aus. Kein Zweiglein, auch nicht das allerkleinste, wurde
vergessen; es sah aus, als wäre alles in Zucker getaucht.
Und wie flink die kleinen Schneeflocken bei ihrer Arbeit
waren, und wie leise sie sie taten. Es war sehr gut, dass es
so viele Schneeflocken waren; denn es gab eine Menge
zu tun. Das Dach der Laube sollte einen Mantelkragen
bekommen, so wie es sich einen gewünscht hatte. Das
war aber gar nicht so leicht; denn die Laube war schon
alt und hatte keinen so festen Schlaf mehr. Sie knackste
manchmal ganz unheimlich, sodass die Schneeflocken
sehr erschraken und schon dachten, die Laube könne
aufwachen. Aber sie hatte nur im Traum geknackst, so
wie die Menschen manchmal im Traum sprechen.

Am meisten Arbeit aber machte doch die Decke für
den großen Rasenplatz. Die guten Schneeflocken gaben
ihre eigenen Sternenmäntelchen dazu her – viele, viele
Tausend davon lagen schon auf dem Rasen. Aber immer
noch war die Decke nicht dick und warm genug, und es
mussten immer und immer noch Schneeflocken vom
Himmel herunterkommen und ihre Mäntelchen oben
drauflegen.

Endlich, endlich war die Decke fertig. Es war eine prachtvolle Decke – so frisch und weiß und warm. Nun froren die armen Grashälmchen sicher nicht mehr.

»Ist nun alles fertig?«, fragten die Schneeflocken.

»Ach nein – ach nein«, flüsterte es in allen Ecken und Enden, »wir sind noch lange nicht fertig! Es sind aber auch so entsetzlich viele Kappen, die wir aufzusetzen haben. Helft uns doch, helft uns doch, sonst kommt der morgen, und wir sind noch nicht fertig!« – Nun ging es aber husch! Husch! An das Austeilen der Kappen. Jedes Ding im Garten, das noch nichts bekommen hatte, bekam ein weißes Schneepelzkäppchen aufgesetzt, jeder Stein, jeder Pfahl am Zaun, sogar die alte Pumpe bekam eins. Weil es aber so arg in der Eile ging, kam es wohl vor, dass eins oder das andere eine Mütze bekam, die ihm zu groß oder zu klein war – oder dass sie ihm schief auf dem Kopfe saß. Aber das schadete nichts. Die Hauptsache war, dass niemand vergessen wurde und dass man bald fertig war. Und man war bald fertig. Nun brauchte keine Schneeflocke mehr zu kommen. Nur noch ein paar wurden von der Mutter Wolke hinabgeschickt; die sollten nachsehen, ob die andern ihre Sache gut gemacht hatten. Das hatten sie wirklich, man konnte mit ihnen zufrieden sein. Und nun war wieder alles ganz still im Garten.

Aber dann am andern Morgen – das hättet ihr sehen sollen! Das war ein Erstaunen, ein Jubel und eine Freude, als nach und nach alle aufwachten und die Bescherung sahen. Die Sträucher wagten sich nicht zu rühren aus Angst, etwas von dem herrlichen Schmuck zu verlieren.

Der Rasenplatz war glücklich über die schöne, warme Decke. Die alte Laube aber, die sonst immer als Erste aufgewacht war vor Kälte, die wachte heute zuallerletzt auf, so gut hatte sie in ihrem warmen Kragen geschlafen. Am allermeisten Vergnügen hatten aber doch die Zaunpfähle.

»Dürfen wir diese schönen Kappen nun wohl immer behalten?«, fragten sie. Aber der Morgenwind, der gerade des Weges daherspaziert kam, gab ihnen gleich die gehörige Antwort darauf. »Wo denkt ihr hin«, sagte er, »wartet nur, bis die Sonne kommt, die wird sie euch von den Ohren ziehen; sie mag solche Verwöhnungen nicht leiden.« Er ärgerte die Leute gern ein bisschen, der Morgenwind. »Pfiff!«, machte er und blies noch rasch im Vorbeigehen dem einen Strauch ein bisschen von seinem Schmuck herunter, sodass ein kleines weißes Schneewölkchen in die Höhe flog.

Nun kam noch ein anderer Besuch in den Garten, ein Rabe, ganz feierlich, im schwarzen Anzug.

Er habe von der herrlichen Bescherung gehört und komme, sie sich anzusehen, sagte er. Dabei nahm er auf der alten Pumpe Platz.

»Was haben sie denn da für eine Schlafmütze auf?«, fragte er. »Sind Sie so faul, dass Sie eine brauchen?« Und dabei hob er das eine Bein und strich der Pumpe die schöne, neue Kappe vom Kopfe herunter.

»Mach, dass du fortkommst, Grobian!«, sagte sie und drohte ihm mit ihrem Schwengel, sodass der Rabe Angst bekam und fortflog.

»Ich will einmal probieren, wie sich's auf dem neuen

Teppich geht«, sagte er. »Ganz schön, nur ein bisschen glatt ist er, so ganz ohne Muster, ich will mal eins daraufmachen.«

Und nun hüpfte er auf dem Teppich herum, und überall, wo er hinhüpfte, gab es Striche, sodass der Teppich wirklich ganz gemustert aussah. Die andern fanden, dass der Teppich früher viel schöner gewesen war; aber dem Raben gefiel es so viel besser. Und er hätte sicher noch mehr Muster auf den Teppich gemacht, wenn – ja, wenn nicht plötzlich mit großer Geschwindigkeit etwas Rotes dahergesaust gekommen wäre. Es war ein Schlitten. Die Kinder hatten ihn zu Weihnachten bekommen und freuten sich nun sehr, dass das Christkind ihnen auch Schnee dazugeschickt hatte. Rings um den Rasen herum ging die fröhliche Fahrt. Dann wurde haltgemacht, und nun kamen die Schneeballen an die Reihe. Hui! Da flogen sie – hier einer, da einer. Es war ein großes Vergnügen, ein richtiges, echtes Wintervergnügen.

Aber das Schönste kam noch. Das Schönste war ein Schneemann, den die Kinder aufbauten, gerade vor der alten Laube, als stehe er Schildwache davor. Es war ein prächtiger Schneemann! Er musste jedem gefallen, und er gefiel auch allen.

»Ein netter Kamerad, den wir da bekommen haben«, sagten die Zaunpfähle. »Hoffentlich versteht er sich auch aufs Erzählen, damit wir ein wenig Unterhaltung haben.«

Es wagte aber niemand, den Schneemann anzureden.
Glücklicherweise fing dieser von selbst an.

»Guten Morgen!«, sagte er. »Guten Morgen!«, antwortete es von allen Seiten.

»Es ist schönes Wetter heute«, sagte der Schneemann; etwas anderes fiel ihm gerade nicht ein.

»Ja – aber nachts hat es geschneit.«

»Hm« – machte der Schneemann, »natürlich hat es geschneit – stände ich sonst hier? – Nein, dann hätte ich sicher mit der Wolke noch ein gut Stück weiterreisen können und hätte noch viel von der Welt gesehen.«

»Ei«, sagten die Sträucher, »Sie haben gewiss schon schöne Reisen bis hierher gemacht, wollen Sie uns nicht davon erzählen?«

»Gern«, sagte der Schneemann. – Und dann erzählte er. »Ihr habt doch vorhin die Kinder in ihrem Schlitten fahren sehen? Das war ein Vergnügen, nicht wahr? Was würden diese Kinder wohl erst für ein Vergnügen haben, wenn sie in dem Lande wohnten, von dem ich mit der Schneewolke hergereist bin! Da liegt nämlich das ganze Jahr hindurch Schnee, sodass man immer Schlitten fahren muss. Das ist lustig, nicht wahr? Die Schlitten werden aber dort von großen Tieren gezogen, man nennt sie Rentiere. Die armen Tiere! Der Schnee deckt ihnen oft alles Futter auf der Erde zu, sie müssen es sich erst unter dem Schnee hervorholen. Ich habe sie mit ihren großen Geweihen den Schnee fortschaufeln sehen. In diesem Lande ist es bitter kalt. Die Leute haben immer diese Pelze an. Ja, wenn man mit einer Schneewolke reist wie ich, dann bekommt man wirklich viel Merkwürdigens zu sehen.

Habt ihr vielleicht schon einmal ein Haus aus Schnee gesehen? Nein, aber ich habe eins gesehen – ja, ja, eine richtige kleine Hütte war's, mit Fenstern und Tür und Schornstein! Auch Leute wohnten drin. Meint ihr vielleicht, die Leute hätten in ihren Schneehütten gefroren? O nein, der Schnee hielt sie schön warm. Der Schnee macht überhaupt schön warm. Einmal sah ich einen Mann, der hatte sich seine Nase rot und blau gefroren. Was glaubt ihr, was er tat? Er hob Schnee von der Erde auf und rieb sich seine Nase damit, und als er dies ein paarmal getan hatte, da war die Nase wieder heil, und der Mann war dem Schnee sehr dankbar dafür.

Ich habe auf meiner Reise noch mehr Leute gesehen, die sich freuten, dass es geschneit hatte. Da war zum Beispiel ein Mann, der musste in der Nacht durch den Wald nach Hause gehen. Er hatte aber keine Laterne bei sich und hätte sich sicher im Walde verloren, wenn nicht der Weg und der ganze Wald voller Schnee gelegen hätte. Der Schnee machte es so hell, dass der Mann doch seinen Weg nach Hause fand. Freilich, manchen habe ich auch gesehen, der freute sich gar nicht über den Schnee. Zum Beispiel der Tannenbaum in dem Walde, der an der Schneelast auf seinen Zweigen schwer zu tragen hatte. Oder die Leute, denen der Schnee eine hohe Mauer vor die Tür gebaut hatte, sodass sie gar nicht herauskommen konnten. Und dann die, denen der Sturm so viel Schnee in die Augen blies, dass sie gar nichts sehen konnten.«

In diesem Augenblick kam die Sonne hinter den Wolken hervor.

»Uff!«, machte der Schneemann auf einmal, »da ist sie. Nun ist es aus mit mir, ihr werdet es gleich sehen.«

Sie sahen aber zuerst gar nichts, als dass auf einmal aller Schnee ganz wunderschön in der Sonne glitzerte. Es war eine wahre Pracht, die die Sonne da hervorgezaubert hatte. »Traut ihr nicht«, sagte der Schneemann, »die Herrlichkeit wird gleich zu Ende sein. Oh, wäre ich doch mit der Wolke fortgezogen, weiter zu den hohen Bergen hin, wo es so herrlich kalt ist, dass die Schneeflocken nicht in der Sonne zu sterben brauchen, sondern in Eis verwandelt werden und ewig leben.«

So sprach der Schneemann.

Aber was war denn das? Der ganze Garten weinte ja auf einmal! Von jedem Strauch, von jedem Zaunpfahl, von der Laube und von der Pumpe fielen große Tropfen herab in den Schnee, und jeder machte ein Loch hinein. Weinten sie alle, weil der Schneemann vom Sterben sprach, der Schneemann, der ihnen so hübsch erzählt hatte?

Ach nein – es war Tauwetter eingetroffen, das war's. Immer mehr Sonnenstrahlen kamen, und jeder schmolz ein bisschen von dem Schnee hinweg, jeder ließ ein Stückchen Herrlichkeit zerfließen.

Und gerade, als sie am allerschönsten war!

Aber so geht es ja immer.

19.

Dezember

Das Kätzchen von Dovre

Aus Norwegen

Es war einmal ein Mann oben in der Finnmark, der hatte einen großen weißen Bären gefangen, den wollte er dem König von Dänemark bringen. Nun traf es sich so, dass er gerade am Weihnachtsabend zum Dovrefjeld kam, und da ging er in ein Haus, wo ein Mann wohnte, der Halvor hieß; den bat er um Nachtquartier für sich und seinen Bären.

»Ach Gott, hilf mir!«, sagte der Mann, »wie sollt' ich wohl jemandem Nachtquartier geben können? Jeden Weihnachtsabend kommen hier so viele Trolle, dass ich mit den Meinigen ausziehen muss und selber nicht einmal ein Dach über dem Kopf habe.«

»Oh, Ihr könnt mich deswegen immer beherbergen«, sagte der Mann, »denn mein Bär kann hier hinter dem Ofen liegen, und ich lege mich in den Bettverschlag.«

Halvor hatte nichts dagegen, zog aber selbst mit seinen Leuten aus, nachdem er zuvor gehörig für die Trolle hatte anrichten lassen: Die Tische waren besetzt mit Reisbrei, Stockfischen, Wurst und was sonst zu einem herrlichen Gastschmaus gehört.

Bald darauf kamen die Trolle an; einige waren groß, andere klein; einige mit langen Schwänzen, andere ohne Schwanz; und einige hatten ungeheuer lange Nasen, und alle aßen und tranken und waren guter Dinge. Da erblickte einer von den jungen Trollen den Bären, der hinter dem Ofen lag, steckte ein Stückchen Wurst an die Gabel und hielt es dem Bären vor die Nase. »Kätzchen, magst auch Wurst?«, sagte er. Da fuhr der Bär auf, fing fürchterlich an zu brummen und jagte sie alle, Groß und Klein, aus dem Hause.

Das Jahr darauf war Halvor eines Nachmittags so gegen Weihnachten hin im Wald und haute Holz für den Heiligen Abend; denn er erwartete wieder die Trolle. Da hörte er es plötzlich im Wald rufen: »Halvor! Halvor!«

»Ja!«, sagte Halvor.

»Hast du noch die große Katz?«, rief's.

»Ja«, sagte Halvor, »jetzt hat sie sieben Jungen bekommen, die sind noch weit größer und böser als sie.«

»So kommen wir niemals wieder zu dir!«, rief der Troll im Walde.

Und von der Zeit an haben die Trolle nie wieder den Weihnachtsbrei bei Halvor auf Dovre gegessen.

20.
Dezember

Lüttenweihnachten

Hans Fallada

Tüchtig neblig heute«, sagte am 20. Dezember der Bauer Gierke ziellos über den Frühstückstisch hin. Es war eigentlich eine ziemlich sinnlose Bemerkung, jeder wusste auch so, dass Nebel war, denn der Leuchtturm von Arkona heulte schon die ganze Nacht mit seinem Nebelhorn wie ein Gespenst, das das Ängsten kriegt.

Wenn der Vater die Bemerkung trotzdem machte, so konnte sie nur eines bedeuten. »Neblig –?«, fragte gedehnt sein dreizehnjähriger Sohn Friedrich.

»Verlauf dich bloß nicht auf deinem Schulwege«, sagte Gierke und lachte.

Und nun wusste Friedrich genug, und auf seinem Zimmer steckte er schnell die Schulbücher aus dem Ranzen in die Kommode, lief in den Stellmacherschuppen und »borgte« sich eine kleine Axt und eine Handsäge. Dabei überlegte er: Den Franz von Gäbels nehm ich nicht mit, der kriegt Angst vor dem Rotvoß. Aber Schöns Alwert und Frieda Benthin. Also los!

Wenn es für die Menschen Weihnachten gibt, so muss es das Fest auch für die Tiere geben. Wenn für uns ein Baum brennt, warum nicht für Pferde und Kühe, die doch das ganze Jahr unsere Gefährten sind? In Baumgarten jedenfalls feiern die Kinder vor dem Weihnachtsfest Lüttenweihnachten für die Tiere, und dass es ein verbotenes

Fest ist, von dem der Lehrer Beckmann nichts wissen darf, erhöht seinen Reiz. Nun hat der Lehrer Beckmann nicht nur körperlich einen Buckel, sondern er kann auch sehr bösartig werden, wenn seine Schüler etwas tun, was sie nicht sollen. Darum ist Vaters Wink mit dem nebligen Tag eine Sicherheit, dass das Schulschwänzen heute jedenfalls von ihm nicht allzu tragisch genommen wird.

Schule aber muss geschwänzt werden, denn wo bekommt man einen Weihnachtsbaum her? Den muss man aus dem Staatsforst an der See oben stehlen, das gehört zu Lüttenweihnachten. Und weil man beim Stehlen erwischt werden kann und weil der Förster Rotvoß ein schlimmer Mann ist, darum muss der Tag neblig sein, sonst ist es zu gefährlich. Wie Rotvoß wirklich heißt, das wissen die Kinder nicht, aber er ist der Förster und hat einen fuchsroten Vollbart, darum heißt er Rotvoß.

Von ihm reden sie, als sie alle drei etwas aufgeregt über die Feldraine der See entgegenlaufen. Schöns Alwert weiß von einem Knecht, den hat Rotvoß an einen Baum gebunden und so lange mit der gestohlenen Fichte geschlagen, bis keine Nadeln mehr daran saßen. Und Frieda weiß bestimmt, dass er zwei Mädchen einen ganzen Tag lang im Holzschauer eingesperrt hat, erst als Heiligenabend vorbei war, ließ er sie wieder laufen. – Sicher ist, sie gehen zu einem großen Abenteuer, und dass der Nebel so dick ist, dass man keine drei Meter weit sehen kann, macht alles noch viel geheimnisvoller. Zuerst ist es ja sehr einfach: Die Raine auf der Baumgartener Feldmark kennen sie – das ist Rothspracks Winterweizen, und dies ist die Lehmkuhle, aus der Müller Timm sein Vieh sommers tränkt.

Aber sie laufen weiter, immer weiter, sieben Kilometer sind es gut bis an die See, und nun fragt es sich, ob sie sich auch nicht verlaufen im Nebel. Da ist nun dieser Leuchtturm von Arkona, er heult mit seiner Sirene, dass es ein Grausen ist, aber es ist so seltsam, genau kriegt man nicht weg, von wo er heult. Manchmal bleiben sie stehen und lauschen. Sie beraten lange, und wie sie weitergehen, fassen sie sich an den Händen, die Frieda in der Mitte. Das Land ist so seltsam still, wenn sie dicht an einer Weide vorbeikommen, verliert sie sich nach oben ganz in Rauch. Es tropft sachte von ihren Ästen, tausend Tropfen sitzen überall, nein, die See kann man noch nicht hören. Vielleicht ist sie ganz glatt, man weiß es nicht, heute ist Windstille.

Plötzlich bellt ein Hund in der Nähe, sie stehen still, und als sie dann zehn Schritte weitergehen, stoßen sie an eine Scheunenwand. Wo sie hingeraten sind, machen sie aus, als sie um die Ecke spähen. Das ist Nagels Hof, sie erkennen ihn an den bunten Glaskugeln im Garten.

Sie sind zu weit rechts, sie laufen direkt auf den Leuchtturm zu, und dahin dürfen sie nicht, da ist kein Wald, da ist nur die steile, kahle Kreideküste. Sie stehen noch eine Weile vor dem Haus, auf dem Hof klappert einer mit Eimern, und ein Knecht pfeift im Stall: Es ist so heimlich! Kein Mensch kann sie sehen, das große Haus vor ihnen ist ja nur wie ein Schattenriss.

Sie laufen weiter, immer nach links, denn nun müssen

sie auch vermeiden, zum alten Schulhaus zu kommen – das wäre so schlimm! Das alte Schulhaus ist gar kein Schulhaus mehr, was soll hier in der Gegend ein Schulhaus, wo keine Menschen leben – nur die paar weit verstreuten Höfe … Das Schulhaus besteht nur aus runtergebrannten Grundmauern, längst verwachsen, verfallen, aber im Sommer blüht hier herrlicher Flieder. Nur, dass ihn keiner pflückt. Denn dies ist ein böser Platz, der letzte Schullehrer hat das Haus abgebrannt und sich aufgehängt. Friedrich Gierke will es nicht wahrhaben, sein Vater hat gesagt, das ist Quatsch, ein Altenteilhaus ist es mal gewesen. Und es ist gar nicht abgebrannt, sondern es hat leer gestanden, bis es verfiel. Darüber geraten die Kinder in großen Streit.

Ja, und das nächste, dem sie nun begegnen, ist gerade dies alte Haus. Mitten in ihrer Streiterei laufen sie gerade darauf zu! Ein Wunder ist es in diesem Nebel. Die Jungen können's nicht lassen, drinnen ein bisschen zu stöbern, sie suchen etwas Verbranntes. Frieda steht abseits auf dem Feldrain und lockt mit ihrer hellen Stimme. Ganz nah, wie schräg über ihnen, heult der Turm, es ist so schlimm anzuhören. Es setzt so langsam ein und schwillt und schwillt, und man denkt, der Ton kann gar nicht mehr voller werden, aber er nimmt immer mehr zu, bis das Herz sich ängstigt und der Atem nicht mehr will: »Man darf nicht so hinhören …«

Jetzt sind es höchstens noch zwanzig Minuten bis zum Wald. Alwert weiß sogar, was sie hier finden: erst einen Streifen hoher Kiefern, dann Fichten, große und kleine,

eine ganze Wildnis, gerade, was sie brauchen, und dann kommen die Dünen und dann die See. Ja, nun beraten sie, während sie über einen Sturzacker wandern: erst der Baum oder erst die See? Klüger ist es, erst an die See, denn wenn sie mit dem Baum länger umherlaufen, kann sie Rotvoß doch erwischen, trotz des Nebels. Sind sie ohne Baum, kann er ihnen nichts sagen, obwohl er zu fragen fertigbringt, was Friedrich in seinem Ranzen hat. Also erst See, dann Baum.

Plötzlich sind sie im Wald. Erst dachten sie, es sei nur ein Grasstreifen hinter dem Sturzacker, und dann waren sie schon zwischen den Bäumen, und die standen enger und enger. Richtung? Ja, nun hört man *doch* das Meer, es donnert nicht gerade, aber gestern ist Wind gewesen, es wird eine starke Dünung sein, auf die sie zulaufen.

Und nun seht, das ist nun doch der richtige Baum, den sie brauchen, eine Fichte, eben gewachsen, unten breit, ein Ast wie der andere, jedes Ende gesund – und oben so schlank, eine Spitze so hell, in diesem Jahre getrieben. Kein Gedanke, diesen Baum stehen zu lassen, so einen finden sie nie wieder. Ach, sie sägen ihn ruchlos ab, sie bekommen ein schönes Lüttenweihnachten, das herrlichste im Dorf, und Posten stellen sie auch nicht aus. Warum soll Rotvoß grade hierher kommen? Der Waldstreifen ist über zwanzig Kilometer lang. Sie binden die Äste schön an den Stamm, und dann essen sie ihr Brot, und dann laden sie den Baum auf, und dann laufen sie weiter zum Meer.

Zum Meer muss man doch, wenn man ein Küstenmensch ist, selbst mit solchem Baum. Anderes Meer haben sie näher am Hof, aber das sind nur Bodden und Wieks. Dies hier ist richtiges Außenmeer, hier kommen die Wellen von weit her, von Finnland oder von Schweden oder auch von Dänemark. Richtige Wellen ...

Also, sie laufen aus dem Wald über die Dünen.

Und nun stehen sie still.

Nein, das ist nicht mehr die Brandung allein, das ist ein seltsamer Laut, ein wehklagendes Schreien, ein endloses Flehen, tausendstimmig. Was ist es? Sie stehen und lauschen.

»Jung, Manning, das sind Gespenster!«

»Das sind die Ertrunkenen, die man nicht begraben hat.«

»Kommt, schnell nach Haus!«

Und darüber heult die Nebelsirene.

Seht, es sind kleine Menschentiere, Bauernkinder, voll von Spuk und Aberglauben, zu Haus wird noch besprochen, da wird gehext und blau gefärbt. Aber sie sind kleine Menschen, sie laden ihren Baum wieder auf und waten doch durch den Dünensand dem klagenden Geschrei entgegen, bis sie auf der letzten Höhe stehen, und –

Und was sie sehen, ist ein Stück Strand, ein Stück Meer. Hier über dem Wasser weht es ein wenig, der Nebel zieht in Fetzen, schließt sich, öffnet den Ausblick. Und sie sehen die Wellen, grüngrau, wie sie umstürzen, weiß schäumend draußen auf der äußersten Sandbank, näher tobend, brausend. Und sie sehen den Strand, mit Blöcken besät, und dazwischen lebt es, dazwischen schreit es, dazwischen watschelt es in Scharen …

»Die Wildgänse!« sagen die Kinder. »Die Wildgänse –!«

Sie haben nur davon gehört, sie haben es noch nie gesehen, aber nun sehen sie es. Das sind die Gänsescharen, die zum offenen Wasser ziehen, die hier an der Küste Station machen, eine Nacht oder drei, um dann weiterzuziehen, nach Polen oder wer weiß wohin, Vater weiß es auch nicht. Da sind sie, die großen, wilden Vögel, und sie schreien, und das Meer ist da und der Wind und der Nebel, und der Leuchtturm von Arkona heult, und die Kinder stehen da mit ihrem gemausten Tannenbaum und starren und lauschen und trinken es in sich ein –

Und plötzlich sehen sie noch etwas, und magisch verführt, gehen sie dem Wunder näher. Abseits, zwischen den hohen Steinblöcken, da steht ein Baum, eine Fichte wie die ihre, nur viel, viel höher, und sie ist besteckt mit Lichtern, und die Lichter flackern im leichten Windzug …

»Lüttenweihnachten«, flüstern die Kinder. »Lüttenweihnachten für die Wildgänse …«

Immer näher kommen sie, leise gehen sie, auf den Zehen – oh, dieses Wunder! –, und um den Felsblock biegen sie. Da ist der Baum vor ihnen in all seiner Pracht, und neben ihm steht ein Mann, die Büchse über der Schulter, ein roter Vollbart …

»Ihr Schweinekerls!«, sagt der Förster, als er die drei mit der Fichte sieht.

Und dann schweigt er. Und auch die Kinder sagen nichts. Sie stehen und starren. Es sind kleine Bauerngesichter, sommersprossig, selbst jetzt im Winter, mit derben Nasen und einem festen Kinn, es sind Augen, die was in sich reinsehen. Immerhin, denkt der Förster, haben sie mich auch erwischt beim Lüttenweihnachten. Und der Pastor sagt, es sind Heidentücken. Aber was soll man denn machen, wenn die Gänse so schreien und der Nebel so dick ist, und die Welt so eng und so weit und Weihnachten vor der Tür ... Was soll man da machen ...

Man soll einen Vertrag machen auf ewiges Stillschweigen, und die Kinder wissen ja nun, dass der gefürchtete Rotvoß nicht so schlimm ist, wie sich die Leute erzählen ...

Ja, da stehen sie nun: ein Mann, zwei Jungen, ein Mädel. Die Kerzen flackern am Baum, und ab und zu geht auch eine aus. Die Gänse schreien, und das Meer braust und rauscht. Die Sirene heult. Da stehen sie, es ist eine Art Versöhnungsfest, sogar auf die Tiere erstreckt, es ist Lüttenweihnachten. Man kann es feiern, wo man will, am Strande auch, und die Kinder werden es nachher in ihres Vaters Stall noch einmal feiern.

Und schließlich kann man hingehen und danach handeln. Die Kinder sind imstande und bringen es fertig, die Tiere nicht unnötig zu quälen und ein bisschen nett zu ihnen zu sein. Zuzutrauen ist ihnen das.

Das Ganze aber heißt Lüttenweihnachten und ist ein verbotenes Fest, der Lehrer Beckmann wird es ihnen morgen schon zeigen!

21.

Dezember

Die Schneekönigin

Ein Märchen in
sieben Geschichten

Hans Christian Andersen

ERSTE GESCHICHTE,
DIE VON DEM SPIEGEL UND DEN SCHERBEN
HANDELT

So! Nun fangen wir an. Wenn wir am Ende der Geschichte sind, wissen wir mehr, als wir jetzt wissen, denn es war ein böser Kobold! Es war einer von den allerschlimmsten, es war »der Teufel«. Eines Tages war er so recht guter Laune, denn er hatte einen Spiegel gemacht, der die Eigenschaft besaß, dass alles Gute und Schöne, was sich darin spiegelte, zu fast nichts zusammenschwand, aber was nichts taugte und sich schlecht ausnahm, das trat so recht hervor und wurde noch ärger. Die schönsten Landschaften sahen in dem Spiegel aus wie gekochter Spinat, und die besten Menschen wurden ekelhaft und standen auf dem Kopfe ohne Bauch. Die Gesichter wurden so verzerrt, dass sie nicht zu erkennen waren, und hatte man eine Sommersprosse, so konnte man sicher sein, dass sie sich über Nase und Mund ausbreitete. Das sei höchst belustigend, sagte der Teufel. Ging ein guter, frommer Gedanke durch einen Menschen, dann gab der Spiegel ein Grinsen wieder, sodass der Teufel über seine künstliche Erfindung lachen musste. Alle, die die Koboldschule besuchten, denn er hatte eine Koboldschule eingerichtet, erzählten weit und breit, dass ein Wunder geschehen sei; erst jetzt, meinten sie, könne man sehen, wie die Welt und die Menschen wirklich aussähen. Sie liefen mit dem Spiegel umher, und schließlich gab es kein Land und keinen Menschen mehr, die nicht verzerrt von dem Spiegel zurückgestrahlt worden wären. Nun wollten sie auch zum Himmel emporfliegen, um sich über die Engel und den lieben Gott lustig zu machen. Je höher sie mit dem Spiegel flogen, umso mehr grinste er, sie konnten ihn kaum festhalten; höher und höher flogen sie, Gott und den Engeln immer näher; da erbebte der Spiegel so schrecklich in seinem Grinsen, dass er ihren Händen entfiel und zur Erde stürzte, wo er in hundert Millionen, Billionen und noch mehr Stücke zersprang. Und nun richteten sie gerade noch viel mehr Unheil an als bisher, denn einige Stücke waren kaum so groß wie ein Sandkorn, und diese flogen ringsumher in der weiten Welt; und wo sie jemand ins Auge bekam, da blieben sie sitzen, und da sahen die Menschen alles verkehrt oder hatten nur Auge für das, was bei einer Sache verkehrt war, denn jede kleine Spiegelscheibe hatte dieselbe Kraft behalten, die der ganze Spiegel besaß; einige Menschen bekamen sogar eine kleine Spiegelscheibe ins Herz, und dann war es ganz grässlich, das Herz ward gleichsam zu einem Klumpen Eis. Einige Stücke von dem Spiegel waren so groß, dass sie zu Fensterscheiben verwendet wurden, aber es war nicht gut, seine Freunde durch diese Scheiben zu betrachten; andere Stücke wurden in Brillen gefasst, und wenn dann die Leute diese Brillen aufsetzten, um recht zu sehen und gerecht zu sein, so hatte das gar keine Art; und der Böse lachte, dass ihm der Bauch platzte, und das kitzelte ihn so herrlich. Draußen aber flogen noch kleine Glassplitter in der Luft umher. Nun werden wir hören!

ZWEITE GESCHICHTE
EIN KLEINER KNABE UND
EIN KLEINES MÄDCHEN

Drinnen in der großen Stadt, wo so viele Häuser und Menschen sind, dass nicht Platz genug zu einem kleinen Garten für alle Leute ist, und wo sich deshalb die meisten mit Blumen in Blumentöpfen begnügen müssen, waren doch zwei arme Kinder, die einen Garten hatten, der ein wenig größer war als ein Blumentopf. Sie waren nicht Bruder und Schwester, aber sie hatten sich ebenso lieb, als wenn sie es gewesen wären. Die Eltern wohnten einander gerade gegenüber in zwei Dachkammern; da, wo das Dach des einen Nachbarhauses an das andre stieß und die Wasserrinne zwischen den Dächern entlanglief, da war in jedem Hause ein kleines Fenster; man brauchte nur sperrbeinig über der Rinne zu stehen, dann konnte man von dem einen Fenster zu dem andern gelangen.

Die Eltern hatten draußen jeder einen hölzernen Kasten, und darin wuchsen die Küchenkräuter, die sie gebrauchten, und ein kleiner Rosenstock; da war einer in jedem Kasten, und sie wuchsen so herrlich. Nun kamen die Eltern auf den Einfall, die Kasten quer über die Rinne zu stellen, sodass sie fast von dem einen Fenster bis an das andre reichten und ganz aussahen wie zwei Blumenwälle. Die Erbsenranken hingen über die Kasten hinab, und die Rosenstöcke schossen lange Zweige, schlängelten sich um die Fenster und neigten sich einander zu: es sah fast aus wie eine Ehrenpforte von Blumen und Grün. Da die Kasten sehr hoch waren und die Kinder wussten, dass sie da nicht hinaufkriechen durften, so erhielten sie oft Erlaubnis, zueinander hinauszusteigen und auf ihren kleinen Schemeln unter den Rosen zu sitzen; da spielten sie dann so herrlich.

Im Winter hatte ja das Vergnügen ein Ende; die Fenster waren oft ganz zugefroren, aber dann wärmten sie Kupfermünzen im Ofen, legten die heiße Münze gegen die gefrorene Fensterscheibe, und nun entstand da ein köstliches Guckloch, so rund, so rund; dahinter lugte ein lieblich sanftes Auge hervor, eins an jedem Fenster; das war der kleine Knabe und das kleine Mädchen. Er hieß Kay, und sie hieß Gerda. Im Sommer konnten sie mit einem Sprunge zueinander gelangen, im Winter mussten sie erst die vielen Treppen hinab- und die vielen Treppen hinaufsteigen; draußen stob der Schnee.

»Das sind die weißen Bienen, die schwärmen«, sagte die alte Großmutter.

»Haben sie auch eine Bienenkönigin?«, fragte der kleine Knabe, denn er wusste, dass unter den wirklichen Bienen eine solche ist.

»Freilich haben sie die!«, sagte die Großmutter. »Sie fliegt da, wo sie am dichtesten schwärmen! Sie ist die größte von ihnen allen, und nie bleibt sie ruhig auf der Erde, sie fliegt wieder in die schwarze Wolke hinauf.

Manche Winternacht fliegt sie durch die Straßen der Stadt und lugt in alle Fenster hinein, und da frieren die gar sonderbar zu, wie mit lauter Blumen bedeckt.«

»Ja, das habe ich gesehen!«, sagten beide Kinder, und dann wussten sie, dass es wahr sei.

»Kann die Schneekönigin hier hereinkommen?«, fragte das kleine Mädchen.

»Lass sie nur kommen!«, sagte der Knabe, »dann setze ich sie auf den warmen Ofen, und dann schmilzt sie.«

Aber die Großmutter glättete sein Haar und erzählte andere Geschichten.

Am Abend, als der kleine Kay zu Hause und halb entkleidet war, kroch er auf den Stuhl am Fenster und guckte durch das kleine Loch hinaus; ein paar Schneeflocken fielen draußen, und eine davon, die allergrößte, blieb auf dem Rande des einen Blumenkastens liegen; die Schneeflocke wuchs mehr und mehr, sie ward schließlich eine ganze Dame, in den feinsten weißen Flor gekleidet, der wie aus Millionen sternenartigen Flocken zusammengesetzt war. Sie war so schön und so fein, aber aus Eis, aus blendendem, glitzerndem Eis, und doch war sie lebendig; die Augen starrten wie zwei klare Sterne, aber es war weder Ruh noch Rast in ihnen. Sie nickte nach dem Fenster hinüber und winkte mit der Hand. Der kleine Knabe erschrak und sprang vom Stuhl hinab; da war es, als wenn da draußen ein großer Vogel am Fenster vorüberflöge.

Am nächsten Tage war klarer Frost – und dann wurde es Tauwetter – und dann kam der Frühling, die Sonne schien, das Grün spross hervor, die Schwalben bauten Nester, die Fenster wurden geöffnet, und die kleinen Kinder saßen wieder in ihrem Garten, hoch oben in der Dachrinne über allen Stockwerken.

Die Rosen blühten in diesem Sommer ganz wundervoll; das kleine Mädchen hatte ein Lied gelernt, und darin kam etwas von Rosen vor, und bei den Rosen dachte sie an ihre eigenen; und sie sang es dem kleinen Knaben vor, und der sang mit:

»Im Tal blühen die Rosen so schön,
Wir werden das Christkindlein sehn!«

Und die Kleinen hielten einander bei den Händen, küssten die Rosen und sahen in Gottes hellen Sonnenschein hinein und sprachen zu ihm, als wenn das Jesuskind dort wäre. Was waren das für herrliche Sommertage, wie schön war es, da draußen zwischen den frischen Rosenstöcken zu sitzen, die so aussahen, als wollten sie nie aufhören zu blühen.

Kay und Gerda saßen da und besahen ein Bilderbuch mit Tieren und Vögeln, da sagte Kay – die Uhr an dem großen Kirchturm schlug gerade fünf –: »Au! Es stach mich ins Herz! Und eben flog mir etwas ins Auge!«

Das kleine Mädchen schlang ihren Arm um seinen Hals; er blinzelte mit den Augen: nein, da war nichts zu sehen.

»Ich glaube, es ist weg!«, sagte er, aber es war nicht weg. Es war gerade so einer von diesen Glassplittern, die vom Spiegel abgesprungen waren, von dem Zauberspiegel, wir wissen ja noch, von dem hässlichen Glas, das alles Große und Schöne, das sich darin abspiegelte, klein und hässlich machte, während das Böse und Schlechte ordentlich hervortrat und jeder Fehler an einer Sache gleich zu erkennen war. Der arme Kay! Er hatte auch einen Splitter gerade ins Herz hineinbekommen. Das wird nun bald wie ein Eisklumpen werden. Jetzt tat es nicht mehr weh, aber der Glassplitter war da.

»Warum weinst du?«, fragte er. »So siehst du hässlich aus! Mir fehlt ja gar nichts! Pfui!«, rief er auf einmal, »die Rose da ist von einem Wurm angenagt! Und sieh doch, die da ist ja ganz schief! Es sind im Grunde ekelhafte Rosen! Genauso wie die Kasten, in denen sie stehen!« Und dann stieß er mit dem Fuß gegen den Kasten und riss die beiden Rosen ab.

»Kay, was machst du?«, rief das kleine Mädchen, und als er ihren Schrecken sah, riss er noch eine Rose ab und lief dann in sein Fenster hinein, von der kleinen, guten Gerda weg.

Wenn sie später mit dem Bilderbuch kam, sagte er, das sei für Wickelkinder; und wenn die Großmutter Geschichten erzählte, kam er immer mit einem Aber – ja, wenn er dazugelangen konnte, ging er hinter ihr her, setzte ihre Brille auf und sprach so wie sie; er machte das sehr treffend, und alle Leute lachten über ihn. Bald konnte er so gehen und so sprechen wie alle Menschen in der ganzen Straße. Alles, was eigentümlich an ihnen war und unschön, das wusste Kay nachzumachen, und dann sagten die Leute: »Der Junge hat sicher einen ausgezeichneten Kopf!« Aber es war das Glas, das er ins Auge bekommen hatte, das Glas, das im Herzen saß, deshalb neckte er selbst die kleine Gerda, die ihm von ganzem Herzen zugetan war.

Seine Spiele wurden nun ganz anders als bisher, sie waren so verständig. – An einem Wintertage, als die Schneeflocken stoben, kam er mit einem großen Brennglas, breitete seinen blauen Rockzipfel aus und ließ die Schneeflocken darauffallen.

»Sieh nun in das Glas, Gerda!«, sagte er, und jede Schneeflocke wurde viel größer und sah aus wie eine prächtige Blume oder ein zehneckiger Stern; das war wunderhübsch anzusehen.

»Siehst du, wie künstlich!«, sagte Kay, »das ist weit interessanter als die wirklichen Blumen! Und an diesen ist auch nicht ein einziger Fehler, sie sind ganz vollkommen, wenn sie nur nicht schmölzen!«

Nach einer Weile kam Kay mit großen Handschuhen und seinem Schlitten auf dem Rücken; er schrie Gerda in die Ohren hinein: »Ich habe Erlaubnis bekommen, auf dem großen Platz zu fahren, wo die andern spielen!«, und fort war er.

Dort auf dem Platz banden die kühnsten Knaben oft ihren Schlitten an den Wagen eines Bauern, und dann fuhren sie ein gutes Stück mit. Das ging gar lustig zu. Als sie im besten Spielen waren, kam ein großer Schlitten daher; er war ganz weiß angestrichen, und darin saß jemand, in einen rauen, weißen Pelz gehüllt und mit weißer Pelzmütze; der Schlitten fuhr zweimal um den Platz herum, und Kay band geschwind seinen kleinen Schlitten daran fest, und dann fuhr er mit. Es ging schneller und schneller, geradeswegs in die nächste Straße hinein; die Person, die fuhr, drehte den Kopf herum, nickte Kay so freundlich zu, es war, als kennten sie einander; jedes Mal, wenn Kay seinen kleinen Schlitten losbinden wollte, nickte die Person wieder, und dann blieb Kay sitzen; sie fuhren gerade zum Stadttor hinaus. Da begann der Schnee so herniederzufallen, dass der Kleine nicht die Hand vor den Augen sehen konnte, während er dahinsauste; da ließ er endlich die Schnur fahren, um von dem großen Schlitten loszukommen, aber sein kleines Fuhrwerk hing fest, und es ging mit Windeseile vorwärts. Da rief er ganz laut, aber niemand hörte ihn, und der Schnee stob, und der Schlitten flog dahin; zuweilen machte er einen Sprung, es war, als führe er über Gräben und Zäune. Kay war ganz erschrocken, er wollte sein Vaterunser beten, aber er konnte sich nur des großen Einmaleins entsinnen.

Die Schneeflocken wurden größer und größer, zuletzt sahen sie aus wie zwei große, weiße Hühner; auf einmal sprangen sie zur Seite, der große Schlitten hielt, und die Person, die ihn gefahren hatte, richtete sich auf, der Pelz und die Mütze waren aus lauter Schnee; es war eine Dame, groß und schlank und schimmernd weiß, es war die Schneekönigin.

»Wir sind gut vorwärtsgekommen!«, sagte sie, »aber wer wird wohl frieren? Kriech in meinen Bärenpelz hinein!« Und sie setzte ihn neben sich in den Schlitten und schlug den Pelz um ihn, es war, als versänke er in einer Schneewehe.

»Friert dich noch?«, fragte sie, und dann küsste sie ihn auf die Stirn. Huh! Das war kälter als Eis, es ging ihm gerade bis ins Herz hinein, das ja doch schon halb ein Eisklumpen war; es war, als sollte er sterben; aber nur einen Augenblick, dann tat es ihm wohl; er spürte die Kälte ringsumher nicht mehr.

»Mein Schlitten! Vergiss meinen Schlitten nicht!«, das war das Erste, woran er dachte; und der wurde an eins der weißen Hühner festgebunden, und das flog hinterdrein mit dem Schlitten auf dem Rücken. Die Schneekönigin küsste Kay noch einmal, und da hatte er die kleine Gerda und die Großmutter und alle daheim vergessen.

»Jetzt bekommst du keine Küsse mehr!«, sagte sie, »denn sonst küsse ich dich tot!«

Kay sah sie an; sie war sehr schön; ein klügeres, schöneres Gesicht konnte er sich nicht denken; nun erschien sie ihm nicht mehr von Eis wie damals, als sie draußen vor dem Fenster saß und ihm winkte; in seinen Augen war sie vollkommen, er hatte gar keine Angst, er erzählte ihr, dass er kopfrechnen könne, und zwar mit Brüchen, dass er die Quadratmeilen des Landes wisse und »wie viele Einwohner« es habe, und sie lächelte beständig; da meinte er, es sei doch nicht genug, was er wisse, und er sah in den großen, großen Luftraum hinauf, und sie flog mit ihm, flog hoch oben über der schwarzen Wolke, und der Sturm sauste und brauste, es war, als sänge er alte

Melodien. Sie flogen über Wälder und Seen, über Gärten und Länder; tief unter ihnen sauste der kalte Wind, die Wölfe heulten, der Schnee glitzerte, die schwarzen, schreienden Krähen flogen darüber hin, aber hoch oben schien der Mond so hell, und dem sah Kay die lange, lange Winternacht an; am Tage aber schlief er zu den Füßen der Schneekönigin.

DRITTE GESCHICHTE
DER BLUMENGARTEN BEI DER FRAU,
DIE ZAUBERN KONNTE

Was aber machte die kleine Gerda, als Kay nicht mehr kam? Wo war er nur geblieben? – Niemand wusste es, niemand konnte Bescheid geben. Die anderen Knaben erzählten nur, sie hätten gesehen, wie er seinen Schlitten an einen mächtig großen gebunden habe, der in die Straße hinein und zum Stadttor hinausgefahren war. Niemand wusste, wo er war; viele Tränen flossen, die kleine Gerda weinte heiß und lange. – Dann dachte sie, er sei tot, er sei in den Fluss gefallen, der dicht an der Stadt vorüberfloss; ach, es waren gar lange, dunkle Wintertage! Dann kam der Frühling mit wärmerem Sonnenschein.

»Kay ist tot und fort«, sagte die kleine Gerda. »Das glaube ich nicht!«, sagte der Sonnenschein. »Er ist tot und fort!«, sagte sie zu den Schwalben, »Das glaube ich nicht!«, antworteten die, und schließlich glaubte die kleine Gerda es auch nicht mehr.

»Ich will meine neuen, roten Schuhe anziehen«, sagte sie eines Morgens, »die Kay noch nie gesehen hat, und dann will ich an den Fluss hinabgehen und den fragen!«

Und es war noch ganz früh; sie küsste die alte Großmutter, die noch schlief, zog die roten Schuhe an und ging ganz allein zum Tore hinaus nach dem Fluss hinab.

»Ist es wahr, dass du mir meinen kleinen Spielgefährten weggenommen hast? Ich will dir meine roten Schuhe schenken, wenn du ihn mir wiedergeben willst!«

Und die Wellen, so schien es ihr, nickten so sonderbar; da nahm sie ihre roten Schuhe, das Liebste, was sie hatte, und warf sie alle beide in den Fluss hinein; aber sie fielen ganz dicht am Ufer nieder, und die kleinen Wellen trugen sie gleich wieder zu ihr ans Land, es war, als wolle der Fluss das Liebste, was sie besaß, nicht nehmen, da er den kleinen Kay ja nicht hatte; aber sie glaubte, dass sie die Schuhe nicht weit genug hinausgeworfen hätte, und da kroch sie denn in ein Boot, das im Röhricht lag, sie ging ganz an das äußerste Ende und warf die Schuhe ins Wasser; aber das Boot war nicht festgebunden, und bei der Bewegung, die sie machte, glitt es vom Lande ab; sie bemerkte es und beeilte sich, herauszukommen, aber ehe sie noch zurückkletterte, war das Boot über eine Elle vom Ufer entfernt, und nun glitt es schneller von dannen.

Da erschrak die kleine Gerda sehr und fing an zu weinen, aber es hörte sie niemand außer den Spatzen, und die konnten sie nicht ans Land tragen, aber sie flogen am Ufer entlang und sangen, als wollten sie sie trösten: »Hier sind wir! Hier sind wir!« Das Boot trieb mit dem Strom;

die kleine Gerda saß ganz still in ihren Strümpfen da; die kleinen, roten Schuhe schwammen hinterdrein, aber sie konnten das Boot nicht erreichen, das trieb immer schneller.

Hübsch war es an beiden Ufern, schöne Blumen, alte Bäume und Abhänge mit Schafen und Kühen, aber nirgends war ein Mensch zu sehen.

»Vielleicht trägt mich der Fluss zu dem kleinen Kay hin«, dachte Gerda, und dann war sie nicht mehr so traurig, sie richtete sich auf und sah viele Stunden lang die grünen Ufer an; dann kam sie an einen großen Kirschengarten, in dem ein kleines Haus mit wunderlichen roten und blauen Fenstern lag, übrigens mit einem Strohdach und zwei hölzernen Soldaten davor, die vor den Vorübergehenden das Gewehr schulterten.

Gerda rief sie an; sie glaubte, sie seien lebendig, aber sie antworteten natürlich nicht, sie kam ihnen ganz nahe, der Fluss trieb das Boot gerade auf das Ufer zu.

Gerda rief noch lauter, und da kam eine alte, alte Frau aus dem Hause heraus, die sich auf einen Krückstock stützte; sie hatte einen großen Schutzhut auf, und der war mit den schönsten Blumen bemalt.

»Du armes, kleines Kind!«, sagte die alte Frau; »wie bist du nur auf den großen, reißenden Strom gekommen und so weit in die Welt hinausgetrieben?«, Und dann ging die alte Frau ganz in das Wasser hinein, erfasste mit ihrem Krückstock das Boot, zog es ans Land und hob die kleine Gerda heraus.

Und Gerda war froh, wieder auf das Trockene zu gelangen, aber sie fürchtete sich doch ein wenig vor der fremden, alten Frau.

»Komm doch und erzähle mir, wer du bist und wie du hierherkommst!«, sagte sie.

Und Gerda erzählte ihr alles; und die Alte schüttelte den Kopf und sagte: »Hm! Hm!« Und als Gerda ihr alles gesagt und sie gefragt hatte, ob sie nicht den kleinen Kay gesehen hätte, sagte die Frau, er sei nicht vorbeigekommen, aber er würde schon kommen, sie sollte nur nicht traurig sein, sondern ihre Kirschen kosten und ihre Blumen besehen, die seien schöner als irgendein Bilderbuch, die könnten jede eine ganze Geschichte erzählen. Dann nahm sie Gerda bei der Hand, sie gingen in das kleine Haus, und die alte Frau schloss die Tür zu.

Die Fenster saßen ganz hoch oben, und die Scheiben waren rot, blau und gelb; das Tageslicht schien so wunderlich dahinein in allen Farben, aber auf dem Tisch standen die schönsten Kirschen, und Gerda aß so viele, wie sie nur wollte, denn das durfte sie. Und während sie aß, kämmte ihr die alte Frau das Haar mit einem goldenen Kamm, und das Haar lockte sich und umschimmerte so herrlich goldblond das kleine, freundliche Gesicht, das so rund war und wie eine Rose aussah.

»Nach so einem süßen kleinen Mädchen habe ich mich schon lange gesehnt«, sagte die Alte. »Nun sollst du einmal sehen, wie gut wir uns vertragen werden!« Und während sie das Haar der kleinen Gerda kämmte, vergaß diese ihren Pflegebruder Kay mehr und mehr; denn die alte Frau konnte zaubern, aber eine böse Hexe war sie nicht, sie zauberte nur ein klein wenig zu ihrem eigenen Vergnügen, und sie wollte die kleine Gerda so gern behalten. Darum ging sie in den Garten hinaus und streckte ihren Krückstock nach allen Rosenstöcken aus: wie schön sie auch blühten, sanken sie doch alle in die schwarze Erde hinab, und man konnte nicht sehen, wo sie gestanden hatten. Der Alten war bange, dass, wenn Gerda die Rosen sähe, sie an ihre eigenen denken und sich dann des kleinen Kay erinnern und davonlaufen würde.

Dann führte sie Gerda in den Blumengarten hinaus. – Nein! War das ein Duft und eine Herrlichkeit! Alle nur denkbaren Blumen, und zwar für jede Jahreszeit, standen hier in der prächtigsten Blüte; kein Bilderbuch konnte bunter und schöner sein. Gerda hüpfte vor Freude und spielte, bis die Sonne hinter den hohen Kirschbäumen unterging; dann bekam sie ein schönes Bett mit roten, seidenen Kissen, die waren mit blauen Veilchen gestopft, und sie schlief und träumte da so herrlich wie eine Königin an ihrem Hochzeitstag.

Am nächsten Tage konnte sie wieder mit den Blumen im warmen Sonnenschein spielen – so vergingen viele Tage. Gerda kannte jede Blume, aber wie viele auch da waren, so fand sie doch, dass da eine fehlte, aber welche, das wusste sie nicht. Da saß sie eines Tages und betrachtete den Schutzhut der alten Frau mit den gemalten Blumen, aber gerade die allerschönste darunter war eine Rose. Die Alte hatte vergessen, sie vom Hut zu entfernen, als sie die andern in die Erde bannte. Aber so geht es, wenn man die Gedanken nicht beisammen hat. – »Was!«, sagte Gerda, »sind hier denn keine Rosen?« Und sie sprang zwischen die Beete, suchte und suchte, aber da war keine zu finden; da setzte sie sich hin und weinte, aber ihre heißen Tränen fielen gerade auf die Stelle, wo ein Rosenbaum versunken war, und als die warmen Tränen die Erde netzten, schoss der Baum auf einmal empor, so blühend, wie er versunken war, und Gerda umarmte ihn, küsste die Rosen, und dann musste sie an die schönen Rosen daheim denken und mit ihnen auch an den kleinen Kay und sein Davonlaufen.

»Oh, wie bin ich doch aufgehalten worden!«, sagte das kleine Mädchen. »Ich wollte Kay ja suchen! – Wisst ihr nicht, wo er ist?«, fragte sie die Rosen. »Glaubt ihr, dass er tot und fort ist?«

»Tot ist er nicht«, sagten die Rosen. »Wir sind ja in der Erde gewesen, da sind alle die Toten, aber Kay war nicht da.«

»Habt vielen Dank!«, sagte die kleine Gerda, und sie ging zu den anderen Blumen hin, sah in ihre Kelche hinein und fragte: »Wisst ihr nicht, wo der kleine Kay ist?«

Aber jede Blume stand in der Sonne und träumte ihr eigenes Märchen oder ihre Geschichte, davon bekam die kleine Gerda so viele, viele zu hören, aber keine wusste etwas von Kay.

Und was sagte denn die Feuerlilie?

»Hörst du die Trommel: bum! Bum! Es sind nur zwei Töne, immer bum! bum! Höre der Frauen Trauergesang, höre der Priester Ruf! – In ihrem langen, roten Gewand steht das Hinduweib auf dem Scheiterhaufen, die Flammen lodern um sie und ihren toten Mann empor; aber das Hinduweib denkt an den Lebenden hier im Kreise, an ihn, dessen Augen heißer brennen als die Flammen, an ihn, dessen Feuer ihr Herz heißer berührt als die Flammen, die bald ihren Leib zu Asche sengen. Kann die Flamme des Herzens in den Flammen des Scheiterhaufens sterben?«

»Das verstehe ich gar nicht!«, sagte die kleine Gerda.

»Das ist mein Märchen!«, sagte die Feuerlilie.

Was sagte die Winde?

»Über den schmalen Gebirgspfad hinaus hängt eine alte Ritterburg. Dichtes Immergrün wächst an den alten, roten Mauern empor; Blatt an Blatt umrankt den Altan, und dort steht ein schönes Mädchen, sie beugt sich über das Gitterwerk und sieht den Weg hinab. Keine Rose hängt frischer am Zweige als sie; keine Apfelblüte, wenn sie der Wind dem Baume entführt, schwebt leichter als sie; wie rauscht das prächtige, seidene Gewand! ›Kommt er denn nicht!‹«

»Meinst du Kay?«, fragte die kleine Gerda.

»Ich spreche nur von meinem Märchen, meinem Traum«, antwortete die Winde.

Was sagte das kleine Schneeglöckchen?

»Zwischen den Bäumen hängt an Seilen das lange Brett; das ist eine Schaukel; zwei niedliche kleine Mädchen – die Kleider sind weiß wie Schnee, lange, grüne seidene Bänder flattern von den Hüten – sitzen und schaukeln sich; der Bruder, der größer ist als sie, steht aufrecht in der Schaukel; er hat den Arm um das Seil geschlungen, um sich zu halten, denn in der einen Hand hält er eine kleine Schale, in der andern eine Tonpfeife, er macht Seifenblasen; die Schaukel geht, und die Seifenblasen fliegen mit wunderbar wechselnden Farben; die letzte hängt noch am Pfeifenstiel und biegt sich im Winde; die Schaukel geht; der kleine, schwarze Hund, leicht wie die Seifenblasen, richtet sich auf den Hinterbeinen auf und will mit in die Schaukel hinein; sie fliegt, der Hund fällt, bellt und ist wütend; er wird geneckt, die Blasen zerspringen – ein schaukelndes Brett, ein zerspringendes Schaumbild ist mein Lied!«

»Es mag schon sein, dass es hübsch ist, was du da erzählst, aber du sagst es so traurig und erwähnst Kay gar nicht.« Was sagten die Hyazinthen?

»Es waren einmal drei wunderschöne Schwestern, so durchsichtig und fein; das Kleid der einen war rot, das der andern war blau, und die dritte hatte ein ganz weißes; Hand in Hand tanzten sie an dem stillen See im hellen Mondschein. Es waren keine Elfen, es waren Menschenkinder. Es duftete so süß, und die Mädchen verschwanden im Wald; der Duft wurde stärker; – drei Särge, darin lagen die schönen Mädchen, glitten aus dem Dickicht des Waldes über den See hin; Johanniswürmchen flogen schimmernd ringsumher wie kleine, schwebende Lichter. Schlafen die tanzenden Mädchen, oder sind sie tot? – Der Blumenduft sagt, sie sind Leichen; die Abendglocke läutet ihnen den Grabgesang!«

»Du machst mich ganz traurig!«, sagte die kleine Gerda. »Du duftest so stark, ich muss an die toten Mädchen denken; ach, ist der kleine Kay denn wirklich tot? Die Rosen sind unten in der Erde gewesen, und die sagen nein!«

»Kling, klang!«, läuteten die Hyazinthenglocken. »Wir läuten nicht für den kleinen Kay, den kennen wir nicht! Wir singen nur unser Lied, das einzige, das wir kennen.«

Und Gerda ging zur Butterblume hin, die zwischen den glänzenden, grünen Blättern hervorschimmerte.

»Du bist eine kleine, helle Sonne!«, sagte Gerda. »Sage mir, ob du weißt, wo ich meinen Spielgefährten finden kann.«

Und die Butterblume schien so schön und sah Gerda wieder an. Welches Lied konnte die Butterblume wohl singen? Von Kay handelte es auch nicht.

»In einem kleinen Hof schien die liebe Gottessonne an dem ersten Frühlingstag so warm; die Strahlen glitten an der weißen Wand des Nachbars herab, dicht daran wuchsen die ersten gelben Blumen, schimmerndes Gold in den warmen Sonnenstrahlen; die alte Großmutter saß draußen in ihrem Stuhl, die Enkelin, das arme, schöne Dienstmädchen, kam nach Hause auf einen kurzen Besuch; sie küsste die Großmutter. Es war Gold, Herzensgold in dem liebevollen Kuss! Gold auf dem Munde, Gold auf dem Grunde, Gold in der Morgenstunde! Sieh, das ist meine kleine Geschichte!«, sagte die Butterblume.

»Meine arme alte Großmutter!«, seufzte Gerda. »Ja, sie sehnt sich gewiss nach mir und grämt sich um mich sowie um den kleinen Kay. Aber ich kehre bald wieder heim, und dann bringe ich Kay mit. – Es nützt nichts, dass ich die Blumen frage, die kennen nur ihr eigenes Lied, die sagen mir nicht Bescheid!« Und dann schürzte sie ihr kleines Kleid, damit sie schneller laufen könne; aber die Narzisse schlug sie über das Bein, als sie über sie hinwegsprang; da blieb sie stehen, sah die lange Blume an und fragte: »Weißt du am Ende was?« Und sie beugte sich zu ihr hinab. Und was sagte die?

»Ich kann mich selbst sehen! Ich kann mich selbst sehen!«, sagte die Narzisse. »Oh, oh, wie ich dufte! – Oben in dem kleinen Mansardenstübchen steht halb angekleidet eine kleine Tänzerin, sie steht bald auf einem Bein, bald auf zweien, sie tritt die ganze Welt mit Füßen, sie ist nichts als Augenverblendung. Sie gießt Wasser aus dem Teekessel auf ein Kleidungsstück, das sie in der Hand hält; das ist ihr Schnürleib; – Reinlichkeit ist eine schöne Sache! Das weiße Kleid hängt am Haken, das ist auch im Teekessel gewaschen und auf dem Dach getrocknet! Das zieht sie an, das safrangelbe Tuch um den Hals, dann schimmert das Kleid noch weißer. Das Bein in die Höhe! Sieh, wie aufrecht sie auf einem Stängel steht! Ich kann mich selbst sehen! Ich kann mich selbst sehen!«

»Das ist mir ganz einerlei!«, sagte Gerda, »das brauchst du mir gar nicht zu erzählen!« Und dann lief sie an das äußerste Ende des Gartens.

Die Tür war verschlossen, aber sie rüttelte an dem verrosteten Riegel, bis er losging und die Tür aufsprang, und dann lief die kleine Gerda auf bloßen Füßen in die weite

Welt hinaus. Sie sah sich dreimal um, aber niemand kam hinter ihr drein; schließlich konnte sie nicht mehr laufen, da setzte sie sich auf einen großen Stein, und als sie sich umsah, war der Sommer vorüber, es war Spätherbst, das konnte man gar nicht merken da drinnen in dem großen Garten, wo alles Sonnenschein war und wo immer die Blumen aller Jahreszeiten blühten.

»Lieber Gott, wie habe ich mich verspätet!«, sagte die kleine Gerda, »Es ist ja Herbst geworden! Da darf ich nicht ruhen!« Und sie stand auf, um zu gehen.

Oh, wie waren ihre kleinen Füße wund und müde, und ringsumher sah es kalt und rau aus; die langen Weidenblätter waren ganz gelb, und der Nebel tropfte als Wasser von ihnen herab, ein Blatt nach dem andern fiel ab, nur der Schlehdorn stand voller Früchte da, so herben, sie zogen den Mund zusammen. Oh, wie war es so grau und schwer in der weiten Welt!

VIERTE GESCHICHTE
PRINZ UND PRINZESSIN

Gerda musste wieder ausruhen; da hüpfte dort auf dem Schnee, dem Platz, auf dem sie saß, gerade gegenüber, eine große Krähe; sie hatte stillgesessen, sie angesehen und mit dem Kopfe gewackelt; nun sagte sie: »Kra! Kra! – Gu' Tag! Gu' Tag!« Besser konnte sie es nicht sagen, aber sie meinte es so gut mit dem kleinen Mädchen und fragte, wohin sie so allein in die weite Welt hinausginge. Das Wort »allein« verstand Gerda sehr wohl und fühlte so recht, wie viel darin lag, und dann erzählte sie der Krähe ihr ganzes Leben und ihre Erlebnisse und fragte, ob sie Kay nicht gesehen hätte.

Und die Krähe nickte ganz bedächtig und sagte: »Das könnte wohl sein! Das könnte wohl sein!«

»Wie? Meinst du wirklich?«, fragte das kleine Mädchen und hätte beinahe die Krähe tot gedrückt, so küsste sie sie.

»Ruhig! Ruhig!«, sagte die Krähe. »Ich glaube, es könnte wohl der kleine Kay sein! Aber nun hat er dich gewiss längst über der Prinzessin vergessen!«

»Wohnt er bei einer Prinzessin?«, fragte Gerda.

»Ja, höre!«, sagte die Krähe. »Aber es wird mir so schwer, deine Sprache zu reden. Verstehst du die Krähensprache? Dann kann ich besser erzählen.«

»Nein, die habe ich nicht gelernt!«, sagte Gerda, »aber die Großmutter konnte sie, und die Erbsensprache auch. Hätte ich sie nur gelernt!«

»Tut nichts!«, sagte die Krähe. »Ich werde erzählen, so gut ich kann, aber schlecht wird es darum doch.« Und dann erzählte sie, was sie wusste.

»In dem Königreich, in dem wir jetzt sitzen, wohnt eine Prinzessin, die ist so ungeheuer klug, aber sie hat auch alle Zeitungen gelesen, die es auf der ganzen Welt gibt, und sie wieder vergessen, so klug ist sie. Neulich sitzt sie auf dem Thron, und das ist gar nicht so ergötzlich, sagt man, da fängt sie an, ein Lied zu singen, und zwar das: ›Warum sollt ich mich denn nicht vermählen?‹ ›Wahrhaftig‹, sagt sie, ›darin ist ja Sinn und Verstand!‹

Und nun wollte sie sich verheiraten, aber sie wollte einen Mann haben, der zu antworten verstand, wenn man mit ihm sprach, der nicht nur dastand und vornehm aussah, denn das ist so langweilig. Nun ließ sie alle Hofdamen zusammentrommeln, und als sie hörten, was sie wollte, wurden sie sehr vergnügt. ›Das gefällt mir ausnehmend!‹, sagten sie, ›das habe ich neulich auch schon gedacht!‹ – Du kannst mir glauben, jedes Wort, das ich sage, ist wahr!«, sagte die Krähe. »Ich habe eine zahme Braut, die geht frei im Schloss umher, und die hat mir alles erzählt!«

Seine Braut war natürlich auch eine Krähe, denn Art lässt nicht von Art.

»Die Zeitungen erschienen sogleich mit einer Umrandung aus Herzen und dem Namenszug der Prinzessin; da konnte man lesen, dass es jedem jungen Manne, der gut aussähe, freistände, aufs Schloss zu kommen und mit der Prinzessin zu reden, und der, der so spräche, dass man hören könnte, dass er in dem, was er sagte, zu Hause wäre, und der am besten spräche, den wollte die Prinzessin zum Manne nehmen. – Ja, ja«, sagte die Krähe, »du kannst mir glauben, das ist so gewiss, wie ich hier sitze; die Leute strömten herbei, das war ein Gedränge und ein Gelaufe, aber es glückte keinem, weder am ersten noch am zweiten Tage. Sie konnten alle zusammen gut sprechen, wenn sie draußen auf der Straße waren, aber wenn sie zum Schlosstor hereinkamen und die Garde in Silber sahen und auf den Treppen die Lakaien in Gold und die großen, erleuchteten Säle, dann wurden sie ganz verwirrt; und standen sie vor dem Thron, auf dem die Prinzessin

232

saß, wussten sie nichts weiterzusagen als das letzte Wort, was sie gesagt hatte, und sie machte sich nichts daraus, das noch einmal zu hören. Es war, als wenn sie alle da drinnen Schnupftabak auf den Magen bekommen hätten und eingeschlummert wären, bis sie wieder auf die Straße hinauskamen, ja, dann konnten sie reden! Da stand eine Reihe vom Stadttor bis zum Schlosse hin. Ich war selbst drinnen, um es zu sehen!«, sagte die Krähe. »Sie wurden hungrig und durstig, aber im Schlosse bekamen sie nicht einmal ein Glas lauwarmes Wasser. Freilich hatten einige von den Klügsten Butterbrote mitgenommen, aber sie teilten nicht mit ihrem Nachbar; sie dachten auch: ›Lass ihn nur hungrig aussehen, dann nimmt die Prinzessin ihn nicht!‹«

»Aber Kay, der kleine Kay?!«, fragte Gerda. »Wann kam der denn? War er unter den vielen?«

»Immer ruhig, ruhig! Nun kommen wir gleich zu ihm! Es war am dritten Tage, da kam ein kleiner Bursche ohne Pferd und Wagen ganz unbefangen gerade auf das Schloss zumarschiert; seine Augen glänzten ganz so wie die deinen, er hatte wunderschönes, langes Haar, aber sonst ärmliche Kleider.«

»Das war Kay!«, jubelte Gerda. »Ach, nun habe ich ihn gefunden!« Und sie klatschte in die Hände.

»Er hatte einen kleinen Ranzen auf dem Rücken«, sagte die Krähe.

»Nein, das war wohl sein Schlitten!«, sagte Gerda. »Denn mit dem Schlitten ging er weg!«

»Das kann wohl sein!«, sagte die Krähe, »so genau

habe ich nicht hingesehen! Aber das weiß ich von meiner zahmen Braut, dass er, als er durch das Schlosstor kam und die Leibgarde in Silber und auf den Treppen die Lakaien in Gold sah, nicht im Geringsten verwirrt wurde, er nickte ihnen zu und sagte: ›Es muss langweilig sein, auf der Treppe zu stehen, ich gehe lieber hinein.‹ Da schimmerten Säle von Lichtern, Geheimräte und Exzellenzen gingen auf bloßen Füßen und trugen goldene Schüsseln; einem konnte wohl feierlich zumute werden! Seine Stiefel knarrten so schrecklich, aber bange wurde ihm darum doch nicht!«

»Das ist ganz gewiss Kay!«, sagte Gerda. »Ich weiß, er hatte neue Stiefel an, ich habe sie in Großmutters Stube knarren hören!«

»Ja, knarren taten sie!«, sagte die Krähe. »Und ganz unbefangen ging er gerade auf die Prinzessin zu, die auf einer Perle saß, die so groß war wie ein Spinnrad; und alle Hofdamen mit ihren Zofen und den Zofen ihrer Zofen und alle Kavaliere mit ihren Dienern und den Dienern ihrer Diener, die wieder einen Burschen halten, standen ringsumher aufgestellt; und je näher sie nach der Tür zu standen, umso stolzer sahen sie aus. Den Burschen von des Dieners Diener, der immer in Pantoffeln geht, darf man kaum ansehen, so stolz steht er in der Tür!«

»Das muss grässlich sein!«, sagte die kleine Gerda. »Und Kay hat doch die Prinzessin gekriegt?«

»Wäre ich keine Krähe gewesen, so hätte ich sie genommen, und zwar obwohl ich verlobt bin. Er soll genauso gut geredet haben, wie ich rede, wenn ich die

Krähensprache spreche, das weiß ich von meiner zahmen Braut. Er war unbefangen und allerliebst, er war gar nicht gekommen, um zu freien, war einzig und allein gekommen, um die Klugheit der Prinzessin zu hören, und die fand er gut, und sie ihrerseits fand ihn gut.«

»Ja, ganz sicher, das war Kay!«, sagte Gerda. »Er war so klug, er konnte Kopfrechnen mit Brüchen! – Ach, willst du mich nicht im Schloss einführen?«

»Ja, das ist leicht gesagt!«, meinte die Krähe. »Aber wie machen wir das nur? Ich werde es mit meiner zahmen Braut bereden; sie kann uns gewiss raten; denn das will ich dir nur sagen, so ein kleines Mädchen wie du bekommt nie die Erlaubnis, ordnungsmäßig hineinzukommen.«

»Doch, die bekomme ich!«, sagte Gerda. »Wenn Kay hört, dass ich hier bin, kommt er gleich und holt mich!«

»Erwarte mich dort an der Gitterpforte!«, sagte die Krähe, wackelte mit dem Kopf und flog davon.

Erst als es dunkler Abend war, kam die Krähe wieder zurück. »Rar! Rar!«, sagte sie. »Ich soll dich vielmals von ihr grüßen, und hier ist ein Brötchen für dich, das hat sie in der Küche weggenommen, da ist Brot genug, und du bist gewiss hungrig! – Es ist ganz unmöglich, dass du ins Schloss hineinkommst, du bist ja barfuß; die Garde in Silber und die Lakaien in Gold würden es nicht erlauben; aber weine nicht, du sollst schon hinkommen. Meine Braut weiß eine kleine Hintertreppe, die nach dem Schlafgemach führt, und sie weiß, wo sie den Schlüssel bekommen kann.«

Und sie gingen in den Garten hinein, in die große Allee, wo ein Blatt nach dem andern abfiel; und als im Schloss die Lichter ausgelöscht wurden eins nach dem andern, führte die Krähe die kleine Gerda an eine Hintertür, die angelehnt war.

Oh, wie Gerdas Herz vor Angst und Sehnsucht pochte! Es war geradeso, als ob sie etwas Böses tun wollte, und sie wollte ja doch nur wissen, ob es der kleine Kay wäre: ja, er musste es sein; sie dachte so lebhaft an seine klugen Augen, sein langes Haar; sie konnte ordentlich sehen, wie er lächelte so wie damals, als sie daheim unter den Rosen saßen. Er würde sich gewiss freuen, wenn er sie sah und hörte, was für einen langen Weg sie um seinetwillen gegangen war, wenn er erfuhr, wie betrübt sie alle daheim gewesen waren, als er nicht kam. Oh, das war eine Angst und eine Freude!

Nun waren sie auf der Treppe, da brannte eine kleine Lampe auf einem Schrank; mitten auf dem Fußboden stand die zahme Krähe und drehte den Kopf nach allen Seiten und betrachtete Gerda, die einen Knicks machte, so wie die Großmutter es sie gelehrt hatte.

»Mein Verlobter hat mir so viel Gutes von Ihnen erzählt, mein liebes, kleines Fräulein«, sagte die zahme Krähe. »Ihre Vita, wie man es nennt, ist auch sehr rührend! – Wollen Sie die Lampe nehmen, dann will ich vorangehen. Wir gehen hier geradeaus, denn da treffen wir niemand.«

»Mir deucht, da kommt jemand dicht hinter uns her«, sagte Gerda, und es sauste an ihr vorüber; es war, als wenn Schatten an der Wand glitten, Pferde mit flatternden Mähnen und dünnen Beinen, Jägerburschen, Herren und Damen zu Pferd. »Das sind nur Träume!«, sagte die Krähe, »die kommen und holen die Gedanken der hohen Herrschaft zur Jagd ab, das ist gut, denn dann können Sie sie besser im Bett betrachten. Aber eins erwarte ich von Ihnen, wenn Sie zu Ehren und Würden gelangen, müssen Sie ein dankbares Herz zeigen.«

»Das ist doch ganz selbstverständlich!«, sagte die Krähe im Wald.

Nun kamen sie in den ersten Saal hinein, der war aus rosenrotem Atlas mit künstlichen Blumen an den Wänden; hier sausten schon die Träume an ihnen vorüber, aber sie flogen so schnell, dass Gerda die hohen Herrschaften nicht zu sehen bekam. Ein Saal war immer prächtiger als der andre: ja, man konnte wohl staunen! Und nun waren sie im Schlafgemach. Die Decke hier drinnen glich einer großen Palme mit Blättern aus Glas, kostbarem Glas, und mitten im Zimmer hingen an einem dicken Stängel aus Gold zwei Betten, von denen jedes aussah wie eine Lilie: die eine war weiß, darin lag die Prinzessin; die andre war rot, und darin sollte Gerda den kleinen Kay suchen; sie bog eins der roten Blätter zurück, und da sah sie einen braunen Nacken. Ja, das war Kay! – Sie rief ganz laut seinen Namen, hielt die Lampe dicht an ihn heran – die Träume sausten zu Pferd wieder in die Stube herein – er erwachte, wandte den Kopf um, und – es war nicht der kleine Kay.

Der Prinz sah ihm nur im Nacken ähnlich, aber jung

und schön war er. Und aus dem weißen Lilienbett guckte die Prinzessin heraus und fragte, was da los sei. Da weinte die kleine Gerda und erzählte ihre Geschichte und alles, was die Krähen für sie getan hatten.

»Die arme Kleine!«, sagten der Prinz und die Prinzessin, und sie lobten die Krähen und sagten, sie seien gar nicht böse auf sie, aber sie sollten es doch lieber nicht wieder tun. Diesmal sollten sie eine Belohnung haben.

»Wollt ihr frei umherfliegen?«, fragte die Prinzessin, »oder wollt ihr eine feste Anstellung als Hofkrähen haben, mit allem, was in der Küche abfällt?«

Und beide Krähen machten einen tiefen Knicks und baten um eine feste Anstellung; denn sie dachten an ihr Alter und sagten: »Es ist so gut, etwas für seine alten Tage zu haben!«

Und der Prinz stand aus seinem Bett auf und ließ Gerda darin schlafen, und mehr konnte er wirklich nicht tun. Sie faltete ihre kleinen Hände und dachte: »Wie gut doch die Menschen und die Tiere sind«, und dann schloss sie ihre Augen und schlief so herrlich. Alle Träume kamen wieder hereingeflogen, und sie sahen aus wie Engel Gottes, und sie zogen einen kleinen Schlitten, und darauf saß Kay und nickte ihr zu; aber das Ganze war nur ein Traum, und darum war es auch wieder verschwunden, sobald sie erwachte.

Am nächsten Tag wurde sie von Kopf bis zu Fuß in Samt und Seide gekleidet; ihr wurde angeboten, auf dem Schloss zu bleiben und gute Tage zu haben, aber sie bat nur um einen kleinen Wagen mit einem Pferd davor und um ein Paar kleine Stiefel, dann wollte sie wieder in die weite Welt hinausfahren und Kay suchen.

Und sie bekam Stiefel und Muff; sie wurde aufs Niedlichste gekleidet, und als sie wegwollte, hielt eine neue Kutsche aus purem Golde vor der Tür; das Wappen des Prinzen und der Prinzessin leuchtete wie ein Stern daran; Kutscher, Diener und Vorreiter, denn Vorreiter waren auch da, saßen mit goldenen Kronen da. Der Prinz und die Prinzessin halfen ihr selbst in den Wagen und wünschten ihr alles Glück. Die Waldkrähe, die nun verheiratet war, begleitete sie die ersten drei Meilen; sie saß neben ihr, denn sie konnte das Rückwärtsfahren nicht vertragen; die andere Krähe stand in der Haustür und schlug mit den Flügeln, sie kam nicht mit, denn sie litt an Kopfschmerzen, seit sie die feste Anstellung hatte und so viel zu essen bekam. Inwendig war die Kutsche mit Zuckerkringeln gefüttert, und im Sitz waren Früchte und Pfeffernüsse.

»Leb wohl! Leb wohl!«, riefen der Prinz und die Prinzessin, und die kleine Gerda weinte, und die Krähe weinte; – so ging es die ersten Meilen; dann sagte auch die Krähe Lebewohl, und das war der schwerste Abschied! Sie flog in einen Baum hinauf und schlug mit ihren schwarzen Flügeln, solange sie den Wagen sehen konnte, der wie der helle Sonnenschein glänzte.

FÜNFTE GESCHICHTE
DAS KLEINE RÄUBERMÄDCHEN

Sie fuhren durch den dunklen Wald, aber die Kutsche leuchtete wie eine Fackel; das stach den Räubern in die Augen, das konnten sie nicht ertragen.

»Das ist Gold! Das ist Gold!«, riefen sie, stürzten hervor, fielen den Pferden in den Zaum, schlugen die kleinen Jockeis, den Kutscher und den Diener tot und zogen die kleine Gerda aus dem Wagen.

»Sie ist fett, sie ist niedlich, sie ist mit Nusskernen gefüttert!«, sagte das alte Räuberweib, das einen langen, struppigen Bart hatte und Augenbrauen, die ihr über die Augen hinabhingen.

»Die ist so gut wie ein kleines, fettes Lamm, ja, die soll schmecken!« Und dabei zog sie ihr blankes Messer heraus, und das blitzte, dass es grässlich war.

»Au!«, sagte die Alte auf einmal; ihre eigene kleine Tochter, die auf ihrem Rücken hing so wild und unartig, dass es eine Lust war, hatte sie ins Ohr gebissen. »Du infamer Balg!«, sagte die Mutter und hatte keine Zeit, Gerda zu schlachten.

»Sie soll mit mir spielen!«, sagte das kleine Räubermädchen. »Sie soll mir ihren Muff und ihr schönes Kleid geben und soll bei mir im Bett schlafen!« Und dann biss sie mehrmals zu, sodass das Räuberweib in die Höhe sprang und sich rundherum drehte, und alle Räuber lachten und sagten: »Seht, wie sie mit ihrem Balg tanzt!«

»Ich will in die Kutsche hinein!«, sagte das kleine Räubermädchen, und es wollte und musste seinen Willen haben, denn es war so verhätschelt und so eigensinnig. Es setzte sich neben Gerda in den Wagen, und dann fuhren sie über Stock und Stein immer tiefer in den Wald hinein. Das kleine Räubermädchen war so groß wie Gerda, aber kräftiger, breitschultriger und von dunklerer Haut. Die Augen waren ganz schwarz, sie sahen fast traurig aus. Sie schlang ihren Arm um die kleine Gerda und sagte: »Sie sollen dich nicht schlachten, solange ich nicht böse auf dich werde! Du bist wohl eine Prinzessin?«

»Nein«, sagte die kleine Gerda und erzählte ihr alles, was sie erlebt hatte und wie lieb sie den kleinen Kay hatte.

Das Räubermädchen sah sie ganz ernsthaft an, nickte ein klein wenig mit dem Kopf und sagte: »Sie sollen dich nicht schlachten, wenn ich auch böse auf dich werde; dann will ich es schon selbst tun!« Und dann trocknete sie Gerdas Augen und steckte die beiden Hände in den schönen Muff, der so weich und so warm war.

Nun hielt die Kutsche still; sie waren mitten auf dem Hofe einer alten Räuberburg, die war von oben bis unten geborsten, Raben und Krähen flogen aus den offenen Löchern heraus, und die großen Bullenbeißer, die so aussahen, als könne jeder einen Menschen verschlingen, sprangen hoch in die Höhe, aber sie bellten nicht, denn das war verboten.

In dem großen, alten, rußgeschwärzten Saal brannte mitten auf dem steinernen Fußboden ein großes Feuer; der Rauch zog unter der Decke hin und musste sich selbst einen Ausweg suchen; ein großer Braukessel mit

Suppe kochte, und Hasen und Kaninchen wurden an Spießen gebraten.

»Du sollst über Nacht mit allen meinen kleinen Tieren hier bei mir schlafen!«, sagte das Räubermädchen. Sie bekamen zu essen und zu trinken und gingen dann in eine Ecke, wo Stroh und Teppiche lagen. Hoch oben über dem Lager saßen auf Latten und Stäben fast hundert Tauben, die alle zu schlafen schienen, sich aber ein klein wenig drehten, als die beiden kleinen Mädchen kamen.

»Sie gehören mir alle zusammen!«, sagte das kleine Räubermädchen und ergriff schnell eine der zunächst sitzenden, sie hielt sie an den Beinen und schüttelte sie, sodass sie mit den Flügeln schlug. »Küsse sie!«, rief sie und schlug Gerda mit dem Vogel ins Gesicht. »Da sitzen die Waldkanaillen!«, fuhr sie fort und zeigte hinter eine Anzahl von Stäben, die vor ein Loch hoch oben in der Mauer geschlagen waren. »Das sind Waldkanaillen, die beiden! Die fliegen weg, sobald man sie nicht ordentlich verschlossen hält; und hier steht mein alter geliebter Bä!« Und sie zog ein Rentier am Horn hervor, es hatte einen blanken Kupferring um den Hals und war angebunden. »Den müssen wir auch in der Klemme halten, sonst läuft er uns auch weg. Jeden Abend kitzle ich ihn mit meinem scharfen Messer am Halse, davor hat er Angst!« Und das kleine Mädchen zog ein langes Messer aus einem Spalt in der Mauer und ließ es über den Hals des Rentiers gleiten; das arme Tier schlug mit den Beinen hinten aus, und das Räubermädchen lachte und zog dann Gerda mit sich in das Bett hinein.

»Willst du das Messer bei dir behalten, wenn du schläfst?«, fragte Gerda und sah ein wenig furchtsam danach hin.

»Ich schlafe immer mit einem Messer!«, sagte das kleine Räubermädchen. »Man weiß nie, was kommen kann. Aber erzähle mir jetzt noch einmal, was du vorher von dem kleinen Kay erzähltest, und warum du in die weite Welt hinausgegangen bist.« Und Gerda erzählte von vorne an, und die Waldtauben da oben im Bauer gurrten, die anderen Tauben schliefen. Das kleine Räubermädchen schlang seinen Arm um Gerdas Hals, hielt das Messer in der anderen Hand und schlief, sodass man es hören konnte; aber Gerda konnte ihre Augen gar nicht schließen, sie wusste nicht, ob sie leben oder sterben würde. Die Räuber saßen rings um das Feuer herum, sangen und tranken, und das Räuberweib schlug Purzelbäume. Es war ganz grässlich für das kleine Mädchen, das mit anzusehen.

Da sagten die Waldtauben: »Gurre! Gurre! Wir haben den kleinen Kay gesehen. Ein weißes Huhn trug seinen Schlitten, er saß in der Schneekönigin Wagen, die dicht über dem Wald dahinflog, als wir in unserm Nest lagen; sie blies uns Jungen an, und außer uns beiden starben sie alle. Gurre! Gurre!«

»Was sagt ihr da oben?«, rief Gerda. »Wo reiste die Schneekönigin hin? Wisst ihr etwas davon?«

»Sie ist wohl nach Lappland gereist, denn da ist immer Schnee und Eis! Frage du nur das Rentier, das an dem Strick angebunden steht.«

»Da ist Eis und Schnee, da ist es schön und gut!«, sagte das Rentier; »da springt man frei umher in den großen, schimmernden Tälern! Da hat die Schneekönigin ihr Sommerzelt, aber ihr festes Schloss ist oben nach dem Nordpol zu auf einer Insel, die Spitzbergen heißt!«

»Ach Kay, lieber Kay!«, seufzte Gerda.

»Jetzt musst du ganz still liegen!«, sagte das Räubermädchen, »sonst jage ich dir das Messer in den Leib!«

Am Morgen erzählte ihr Gerda alles, was die Waldtauben gesagt hatten, und das kleine Räubermädchen sah ganz ernsthaft aus, nickte aber mit dem Kopf und sagte: »Es hilft nichts! Es hilft nichts! – Weißt du, wo Lappland liegt?«, fragte sie das Rentier.

»Wer sollte das wohl besser wissen als ich«, sagte das Tier, und die Augen glänzten ihm im Kopf. »Da bin ich geboren und aufgewachsen, da bin ich auf den Feldern herumgesprungen.«

»Höre einmal!«, sagte das Räubermädchen zu Gerda. »Du siehst, dass alle unsere Mannsleute weg sind, aber Mutter ist noch hier, und die bleibt; aber späterhin am Morgen trinkt sie aus der großen Flasche und macht darauf ein Schläfchen; dann will ich etwas für dich tun!« Sie sprang aus dem Bett heraus, fiel der Mutter um den Hals, zupfte sie am Bart und sagte: »Mein herzenssüßer Ziegenbock, guten Morgen!« Und die Mutter gab ihr einen Nasenstüber, sodass die Nase rot und blau wurde, aber das geschah alles aus lauter Liebe.

Als die Mutter dann aus ihrer Flasche getrunken hatte und ein kleines Schläfchen machte, ging das Räubermädchen zu dem Rentier und sagte: »Ich hätte wohl schrecklich Lust, dich noch manch liebes Mal mit dem scharfen Messer zu kitzeln, denn dann bist du so possierlich, aber es hilft nichts, ich will deine Schnur lösen und dir hinaushelfen, damit du nach Lappland laufen kannst, aber du darfst deine Beine nicht schonen und musst mir dies kleine Mädchen nach dem Schloss der Schneekönigin bringen, wo ihr Spielgefährte ist. Du hast wohl gehört, was sie erzählt hat, denn sie sprach laut genug, und du hast gehorcht!«

Das Rentier sprang hoch auf vor Freude. Das Räubermädchen hob die kleine Gerda hinauf und beobachtete die Vorsicht, sie festzubinden, ja sogar ein kleines Kissen gab sie ihr, auf dem sie sitzen sollte. »Es hilft nichts«, sagte sie, »da hast du deine Pelzstiefel wieder, denn es wird kalt, aber den Muff behalte ich, der ist zu niedlich! Aber frieren sollst du darum doch nicht. Hier hast du die großen Fausthandschuhe meiner Mutter, die reichen dir bis an den Ellbogen; krieche hinein! – Nun siehst du an den Händen geradeso aus wie meine gräuliche Mutter!«

Und Gerda weinte vor Freude.

»Ich kann es nicht leiden, dass du heulst!«, sagte das kleine Räubermädchen. »Jetzt solltest du doch gerade vergnügt aussehen! Und da hast du zwei Brote und einen Schinken, dann kannst du nicht hungern.« Beides wurde hinten auf das Rentier gebunden; das kleine Räubermädchen öffnete die Tür, lockte all die großen Hunde herein, und dann schnitt es den Strick mit seinem Messer durch und sagte zu dem Rentier: »Nun lauf, aber gib acht auf das kleine Mädchen.«

Und Gerda streckte die Hände mit den großen Fausthandschuhen nach dem kleinen Räubermädchen aus und sagte Lebewohl, und dann flog das Rentier dahin über Stock und Stein, durch den großen Wald über Moore und Steppen, so schnell es nur konnte. Die Wölfe heulten, und die Raben krächzten. »Fut! Fut!«, sagte es am Himmel. Es war, als niese es rot.

»Das sind meine alten Nordlichter!«, sagte das Rentier, »sieh nur, wie sie leuchten!« Und dann lief es noch schneller von dannen Tag und Nacht; die Brote wurden verzehrt, der Schinken auch, und dann waren sie in Lappland.

SECHSTE GESCHICHTE
DIE SAMIN UND DIE FINNIN

Bei einem kleinen Haus machten sie halt; es war höchst jammervoll; das Dach ging bis an die Erde hinunter, und die Tür war so niedrig, dass die Familie auf dem Bauche kriechen musste, wenn sie heraus- oder hineinwollte. Es war niemand zu Hause außer einer alten Samin, die dastand und bei einer Tranlampe Fisch kochte; und das Rentier erzählte Gerdas ganze Geschichte, zuerst aber seine eigene, denn die, fand es, war weit wichtiger, und Gerda war so mitgenommen von der Kälte, dass sie gar nicht sprechen konnte.

»Ach, ihr Ärmsten!«, sagte die Samin, »da habt ihr

noch weit zu laufen! Ihr müsst über hundert Meilen nach Finnmarken hinein, denn dort ist die Schneekönigin in der Sommerfrische und brennt jeden Abend bengalische Flammen ab. Ich will ein paar Worte auf einen gedörrten Stockfisch schreiben, Papier habe ich nicht, die will ich euch für die Finnin da oben mitgeben, die kann euch besser Bescheid sagen als ich!«

Und als Gerda nun erwärmt war und zu essen und zu trinken bekommen hatte, schrieb die Samin ein paar Worte auf einen gedörrten Stockfisch, hieß Gerda, gut acht darauf zu geben, band sie wieder auf das Rentier fest, und das sprang mit ihr davon. »Fut! Fut!«, sagte es oben in der Luft, die ganze Nacht brannten die schönsten blauen Nordlichter; – und dann kamen sie nach Finnmarken und klopften an den Schornstein der Finnin an, denn die hatte nicht einmal eine Tür.

Es war eine solche Hitze da drinnen, dass die Finnin selbst fast ganz nackend ging; klein war sie und ganz schmutzig; sie löste der kleinen Gerda gleich die Kleider und zog ihr die Fausthandschuhe und die Stiefel aus, denn sonst wäre es ihr zu heiß geworden, legte dem Rentier ein Stück Eis auf den Kopf und las dann, was auf dem Stockfisch geschrieben stand; sie las es dreimal, und dann wusste sie es auswendig und warf den Fisch in den Kochtopf, denn er konnte ja gegessen werden, und sie ließ nichts umkommen.

Nun erzählte das Rentier erst seine Geschichte und dann die der kleinen Gerda, und die Finnin blinzelte mit den klugen Augen, sagte aber nichts.

»Du bist so klug«, sagte das Rentier, »ich weiß, du kannst alle Winde der Welt mit einem Zwirnfaden zusammenbinden; wenn der Schiffer den einen Knoten löst, bekommt er guten Wind, löst er den zweiten, so weht es scharf, und wenn er den dritten und vierten löst, da stürmt es, dass die Wälder umfallen. Willst du dem kleinen Mädchen nicht einen Trunk geben, dass sie Zwölf-Männer-Kraft erhält und die Schneekönigin überwindet?«

»Zwölf-Männer-Kraft?«, sagte die Finnin. »Ja, was würde das wohl nützen!« Und dann ging sie an ein Bord, nahm ein großes, zusammengerolltes Fell herunter und rollte es auseinander; es waren wunderliche Buchstaben darauf geschrieben, und die Finnin las, sodass ihr das Wasser von der Stirn herabtroff. Aber das Rentier bat wieder so sehr für die kleine Gerda, und Gerda sah die Finnin mit so flehenden Augen voller Tränen an, dass diese wieder mit den ihren zu blinzeln begann und das Rentier in eine Ecke zog, wo sie ihm etwas zuflüsterte, während es frisches Eis auf den Kopf bekam:

»Der kleine Kay ist allerdings bei der Schneekönigin und findet dort alles nach Gefallen und Wunsch und glaubt, dass es der beste Ort auf der Welt ist, aber das kommt daher, weil er einen kleinen Glassplitter ins Herz und ein Glaskörnchen ins Auge bekommen hat; die müssen erst heraus, sonst wird er nie wieder ein Mensch, und die Schneekönigin wird die Gewalt über ihn behalten.«

»Aber kannst du der kleinen Gerda nicht etwas eingeben, damit sie die Macht in die Hand bekommt?«

»Ich kann ihr keine größere Macht verleihen, als sie schon hat! Siehst du denn nicht, wie groß die ist? Siehst du nicht, wie Menschen und Tiere ihr dienen müssen, wie sie auf nackten Füßen so gut durch die Welt gekommen ist? Sie soll nicht denken, dass sie ihre Macht von uns erhalten hat, die sitzt in ihrem Herzen, die hat ihren Ursprung darin, dass sie ein liebes, unschuldiges Kind ist. Kann sie nicht selbst zur Schneekönigin hineinkommen und den kleinen Kay von den Glassplittern befreien, so können wir nicht helfen! Zwei Meilen von hier entfernt beginnt der Garten der Schneekönigin, dahin kannst du das kleine Mädchen tragen; setze sie bei dem großen Busch ab, der voll roter Beeren mitten im Schnee steht, halte keinen langen Gevatterklatsch ab, sondern spute dich, dass du hierher zurückkommst!« Und dann hob die Finnin die kleine Gerda auf den Rücken des Rentiers, und das lief, so schnell es konnte.

»Ach, ich habe meine Stiefel nicht mitbekommen, ich habe meine Fausthandschuhe nicht an!«, rief die kleine Gerda; das merkte sie an der schneidenden Kälte, aber das Rentier wagte nicht stillzustehen, es lief, bis es an den großen Busch mit den roten Beeren kam; da setzte es Gerda ab, küsste sie auf den Mund, und an den Wangen des Tieres liefen große, blanke Tränen herab, und dann lief es zurück so schnell, wie seine Füße es tragen wollten. Da stand nun die kleine Gerda ohne Schuhe, ohne Handschuhe mitten in dem fürchterlich eiskalten Finnmarken.

Sie lief, so schnell sie konnte; da kam ein ganzes Regiment Schneeflocken; aber die fielen nicht vom Himmel

herab, der war ganz klar und schimmernd von den Nord-
lichtern; die Schneeflocken liefen gerade über die Erde
hin, und je näher sie kamen, umso größer wurden sie.
Gerda erinnerte sich noch, wie groß und künstlich die
Schneeflocken damals ausgesehen hatten, als sie sie durch
das Brennglas sah, aber hier waren sie noch weit größer
und fürchterlicher, sie waren lebend, sie bildeten die Vor-
posten der Schneekönigin; sie hatten die wunderlichsten
Gestalten; einige sahen aus wie hässliche, große Stachel-
schweine, andere wie ganze Knoten aus Schlangen, die
die Köpfe hervorstreckten, und wieder andere wie kleine,
dicke Bären, deren Haare sich sträubten, alle waren
schimmernd weiß, alle waren lebendige Schneeflocken.

Da betete die kleine Gerda ihr Vaterunser; und die
Kälte war so groß, dass sie ihren eigenen Atem sehen
konnte, wie Rauch strömte er ihr aus dem Munde; der
Atem wurde dichter und dichter, und er gestaltete sich
zu kleinen, hellen Engel, die mehr und mehr wuchsen, je
näher sie der Erde kamen; und alle hatten sie Helme auf
dem Kopfe und Spieße und Schilde in den Händen; es
wurden immer mehr, und als Gerda ihr Vaterunser beendet hatte, stand eine ganze Legion um sie herum; sie
hieben mit ihren Spießen nach den abscheulichen Schneeflocken, sodass sie in hundert Stücke zersprangen, und
die kleine Gerda schritt ganz sicher und unverzagt von
dannen. Die Engel streichelten ihre Füße und ihre Hände,
und da fühlte sie gar nicht, wie kalt es war, und schnell
ging sie auf das Schloss der Schneekönigin zu.

Aber nun wollen wir erst sehen, wie es Kay erging. Er

dachte freilich nicht mehr an die kleine Gerda, und am allerwenigsten daran, dass sie draußen vor dem Schloss stand.

SIEBENTE GESCHICHTE
WAS IM SCHLOSSE DER SCHNEEKÖNIGIN GESCHAH, UND WAS SICH DORT SPÄTER ZUTRUG

Die Wände des Schlosses waren aus treibendem Schnee und die Fenster und Türen aus schneidenden Winden; da waren über hundert Säle, je nachdem der Schnee stob; der größte erstreckte sich viele Meilen lang, das stärkste Nordlicht erleuchtete sie alle, und sie waren so groß, so leer, so eisig kalt und so glitzernd. Niemals herrschte hier Frohsinn, nicht einmal ein kleiner Bärenball fand hier statt, zu dem der Sturm hätte aufblasen und wo die Eisbären hätten auf den Hinterbeinen gehen und feine Manieren zeigen können; nie war da eine kleine Spielgesellschaft mit Maulklapp und Tatzenschlag, nie ein klein wenig Kaffeeklatsch von den weißen Fuchsdamen; leer, groß und kalt war es in den Sälen der Schneekönigin. Die Nordlichter flammten so präzise, dass man zählen konnte, wann sie sich auf dem Höhepunkt befanden und wann sie am niedrigsten standen. Mitten drinnen in dem leeren, unendlichen Schneesaal lag ein gefrorener See, der war in tausend Stücke zersprungen, aber jedes Stück war genau wie das andre, es war ein förmliches Kunststück; und mitten auf diesem See saß die Schneekönigin, wenn sie zu Hause war, und dann sagte sie, dass sie im

Spiegel des Verstandes sitze, und das sei das Einzige und das Beste auf dieser Welt.

Der kleine Kay war ganz blau vor Kälte, ja, fast schwarz war er, aber er merkte es gar nicht, denn sie hatte ihm ja die Frostschauer weggeküsst, und sein Herz war so gut wie ein Eisklumpen. Er schleppte einige flache, scharfe Eisstücke hin und her, die er auf alle mögliche Weise zusammenlegte, denn er wollte etwas da herausbringen, geradeso, als wenn wir kleine Holzplatten haben und diese zu Figuren zusammenlegen, was das chinesische Spiel heißt. Auch Kay legte Figuren, die allerkünstlichsten, es war das Eisspiel des Verstandes; in seinen Augen waren die Figuren ganz ausgezeichnet und von allerhöchster Wichtigkeit; das machte das Glaskorn, das ihm im Auge saß! Er legte ganze Figuren, die ein geschriebenes Wort bildeten, nie aber konnte er das Wort herausbringen, was er geradelegen wollte, das Wort: Ewigkeit; und die Schneekönigin hatte gesagt: »Kannst du mir die Figur ausfindig machen, dann sollst du dein eigener Herr sein, und ich schenke dir die ganze Welt und ein Paar neue Schlittschuhe.« Aber er konnte es nicht.

»Nun sause ich fort nach den warmen Ländern!«, sagte die Schneekönigin, »ich will da einmal in die schwarzen Kochtöpfe hineinsehen!« – Das waren die Feuer speienden Berge Ätna und Vesuv, wie man sie nennt. – »Ich werde sie ein wenig weiß machen! Das gehört mit dazu, das tut gut nach all den Zitronen und Weintrauben!« Und dann flog die Schneekönigin davon, und Kay saß ganz allein in dem meilengroßen Eissaal und sah die Eisstücke an und dachte und dachte, sodass es in ihm knackte; ganz steif und still saß er da, man hätte glauben können, er sei erfroren.

Da geschah es, dass die kleine Gerda durch das große Tor in das Schloss hineintrat; dort wehten schneidende Winde, aber sie betete ein Abendgebet, und da legten die Winde sich, als wollten sie schlafen, und sie trat in die großen, leeren, kalten Säle ein. Da sah sie Kay, sie erkannte ihn, sie flog ihm um den Hals, hielt ihn ganz fest und rief: »Kay! lieber, süßer Kay! So habe ich dich denn endlich gefunden!«

Aber er saß ganz still, steif und kalt da. – Da weinte die kleine Gerda heiße Tränen, die fielen auf seine Brust, die drangen in sein Herz hinein, sie tauten den Eisklumpen auf und verzehrten den kleinen Spiegelsplitter da drinnen; er sah sie an, und sie sang das Lied:

>*Im Tal blühen die Rosen so schön;*
>*Wir werden das Christkindlein sehn!«*

Da brach Kay in Tränen aus, und das Spiegelkörnchen floss ihm aus den Augen heraus, er erkannte sie wieder und jubelte: »Gerda! liebe, kleine Gerda! – Wo bist du denn so lange gewesen? Und wo bin ich nur gewesen?« Und er sah sich ringsumher um. »Wie kalt ist es hier! Wie groß und leer ist es hier!« Und er klammerte sich an Gerda fest, und sie lachte und weinte vor Freude; das war so herrlich, dass selbst die Eisstücke vor Freude rund herumtanzten; und als sie müde waren und sich hinlegten, bildeten sie gerade die Buchstaben, von denen die Schneekönigin gesagt hatte, dass, wenn er sie fände, er sein eigner Herr sein sollte und dass sie ihm die ganze Welt und ein Paar Schlittschuhe schenken wollte.

Und Gerda küsste seine Wangen, und sie wurden blühend; sie küsste seine Augen, und sie leuchteten wie die ihren, sie küsste seine Hände und Füße, und sie wurden gesund und stark. Die Schneekönigin konnte jetzt getrost nach Hause kommen, sein Freibrief stand da mit schimmernden Eisstücken geschrieben.

Und sie fassten einander bei den Händen und wanderten aus dem großen Schloss hinaus, sie sprachen von der Großmutter und von den Rosen oben auf dem Dach; und wo sie gingen, legten sich die Winde ganz still zur Ruhe, und die Sonne brach hervor; und als sie an den Busch mit den roten Beeren kamen, stand das Rentier da und wartete; es hatte ein anderes junges Rentier bei sich, dessen Euter voll waren, und das gab den Kindern seine warme Milch und küsste sie auf den Mund. Dann trugen sie Gerda und Kay zuerst zu der Finnin, wo sie sich in der heißen Stube erwärmten und Bescheid über die Heimreise erhielten, und dann zu der Samin, die ihnen neue Kleider genäht und ihren Schlitten instandgesetzt hatte.

Und das Rentier und das Junge sprangen neben dem Schlitten her und gaben ihnen das Geleite bis an die Grenze des Landes; dort lugte das erste Grün hervor; da nahmen sie Abschied von dem Rentier und auch von der Samin. »Lebt wohl!«, sagten sie alle. Und die ersten kleinen Vögel fingen an zu zwitschern, der Wald hatte grüne

Knospen, und daraus herausgeritten kam auf einem prächtigen Pferde, das Gerda kannte – es war vor die goldene Kutsche gespannt gewesen – ein junges Mädchen mit einer leuchtend roten Mütze auf dem Kopf und mit Pistolen im Halfter; es war das kleine Räubermädchen, das es satt hatte, zu Hause zu sein, und nun erst nach dem Norden wollte und dann nach einer anderen Richtung, falls es ihr da nicht gefiele. Sie erkannte Gerda sogleich, und Gerda erkannte sie, das war eine Freude.

»Du bist ein netter Junge, dass du dich so herumtreibst!«, sagte sie zu dem kleinen Kay; »ich möchte wohl wissen, ob du es verdienst, dass man um deinetwillen bis ans Ende der Welt läuft!«

Aber Gerda streichelte ihr die Wange und fragte nach dem Prinzen und der Prinzessin.

»Die sind in fremde Länder gereist!«, sagte das Räubermädchen.

»Aber die Krähe?«, fragte die kleine Gerda.

»Ja, die Krähe, die ist tot!«, antwortete sie. »Die zahme Braut ist Witwe geworden und geht mit einem Ende schwarzer Wolle um das Bein; sie klagt ganz jämmerlich, und das Ganze ist ein großes Gefasel! – Aber erzähle du mir jetzt, wie es dir ergangen ist und wie du ihn gekriegt hast!«

Und Gerda und Kay erzählten beide.

»Und schnipp – schnapp, schnurre – basselurre!«, sagte das Räubermädchen, fasste sie beide bei den Händen und versprach, dass, wenn sie einmal durch ihre Stadt käme, sie hinaufkommen und sie besuchen wolle, und dann ritt sie in die weite Welt hinaus; aber Kay und Gerda gingen Hand in Hand, und wie sie so gingen, war es herrlicher Frühling mit Blumen und Grün; die Kirchenglocken läuteten, und sie erkannten die hohen Türme, die große Stadt, es war die, in der sie wohnten, und sie gingen in die Stadt hinein und bis an Großmutters Tür und die Treppe hinauf in die Stube hinein, wo alles auf demselben Fleck wie früher stand, und die Uhr sagte: Tick! Tack! Und die Zeiger drehten sich; aber als sie durch die Tür gingen, merkten sie, dass sie erwachsene Menschen geworden waren. Die Rosen in der Dachrinne blühten zu den geöffneten Fenstern herein, und da standen die kleinen Kinderstühle, und Kay und Gerda setzten sich jedes auf den seinen und fassten sich bei den Händen; die kalte, leere Herrlichkeit bei der Schneekönigin hatten sie wie einen bösen Traum vergessen. Die Großmutter saß in Gottes hellem Sonnenschein und las aus der Bibel vor: »Wenn ihr nicht werdet wie die Kindlein, so werdet ihr das Reich Gottes nicht ererben!«

Und Kay und Gerda sahen sich in die Augen, und sie verstanden auf einmal den alten Gesang:

»Im Tal blühen die Rosen so schön,
Wir werden das Christkindlein sehn!«

Da saßen sie beide, erwachsen und doch Kinder, Kinder im Herzen, und es war Sommer, warmer, herrlicher Sommer.

22.

Dezember

Die Geschichte vom Weihnachtsmarkt

Luise Büchner

Am Tage vor Weihnachten war das Wetter hell und klar, und der Schnee war festgefroren. Da sagte die Tante zu den Kindern: »Heute führe ich euch auf den Weihnachtsmarkt, lasst euch nur schnell die Mäntelchen anziehen und die Hütchen aufsetzen!«

Das brauchte sie nicht zweimal zu sagen; in einem Augenblick waren die Kinder fertig, und nun ging es hinaus in den frischen, klaren Morgen. Man dachte aber gar nicht an die Kälte, denn in den Straßen war ein so geschäftiges Hin- und Herrennen, ein so hastiges Treiben, als ob der schönste Frühlingstag angebrochen wäre. Und fast ein Frühlingsanblick war es auch, als die Tante nun mit den Kindern in die Straße einbog, welche zum Markte führt. Sie hielt Georg und Mathildchen an beiden Händen und so gingen sie durch zwei lange dichte Reihen von Fichten- und Tannenbäumen aller Art, Groß und Klein, hell- und dunkelgrün, die sich prächtig ausnahmen auf dem weißen, funkelnden Schnee. Um die Bäume herum war ein Drängen und Schieben der Menschen, dass man kaum vorbeikonnte, und überall begegnete man Leuten, die ihre Bäume nach Hause trugen.

»Aber, Tante«, sagte Mathildchen, »ich dachte, das Christkindchen bringt alles, und nun holen sich doch da die Menschen ihre Christbäume selbst nach Hause.«

»Das ist wahr«, sagte die Tante, »aber du vergisst, dass sie das Christkind alle hierhergeschickt, und unsichtbar geht es jetzt mit dem Nikolaus umher und sieht und hört alles, was hier vorgeht. Es gibt jetzt so sehr viele Menschen auf der Welt, dass die beiden mit dem besten Willen nicht mehr alle Geschäfte allein fertigbringen können, und da müssen sie sich schon von den großen Leuten ein wenig helfen lassen. Verstehst du das?«

»Ja, Tante, ganz gut«, antwortete Mathildchen, und befriedigt gingen sie weiter nach dem Markte, wo eine Bude neben der andern stand, angefüllt mit begehrenswerten Herrlichkeiten. Auch da ging es munter zu, und namentlich vor den Puppenladen standen ganze Reihen von Kindern, die zusahen, wie die Puppen sich an langen Fäden hin und her schaukelten.

Georg und Mathildchen sperrten Mund und Nase auf, die Tante aber ging bald da, bald dort an eine Bude, sprach leise einige Worte und ließ dann geheimnisvoll etwas in ihre große Markttasche gleiten.

»Tante, kaufe mir auch etwas«, bat Mathildchen, »die Puppe mit dem rosa Kleid möchte ich gerne haben, die gefällt mir!«

»Mir auch kaufen, eine Peitsche!« rief Georg.

»Ihr seid klug«, sagte die Tante, »ihr wollt also schon heute und morgen noch einmal beschert haben?«

»Ja, Tante, recht gern!«, rief das kleine, mutwillige Volk und – was wollte die gute Tante machen? Sie kaufte die Puppe und die Peitsche, und als sie Erstere gerade dem Mathildchen hinreichen und in die ausgestreckte Hand geben wollte, hörte sie hinter sich sagen: »Ach, wenn doch die schöne Puppe mein wäre!«

Sie sahen sich alle um, da stand ein Häuflein Kinder beieinander, vier oder fünf, die waren ganz blau und rot gefroren, denn sie hatten nur schlechte dünne Kleider an, und der Wind zerzauste ihre gelben, unbedeckten Haare. Das Kind, welches gesprochen, war ein wenig kleiner als Mathildchen und streckte immer noch die Hand nach der Puppe aus, obgleich die größeren es am Rocke zupften und ihm wehrten. Ach, es hätte doch gar zu gern auch einmal in seinem Leben eine schöne neue Puppe gehabt, aber es waren arme Kinder, für die niemand den Christbaum schmückte und die sich mit dem bloßen Ansehen und Wünschen begnügen musste.

»Möchtest du die Puppe haben?« sagte die Tante freundlich zu dem kleinen Mädchen, und Mathildchen zog sie am Kleid und flüsterte: »Liebste Tante, kaufe dem Kinde doch auch eine!«

Die Tante aber schüttelte den Kopf, und da das kleine Mädchen nicht antwortete, sondern verschämt wegsah, fragte sie den größten Knaben, ob sie Geschwister seien, wie sie hießen und wo sie wohnten? Er gab auf alles ordentlich Antwort, die Tante schrieb es in ihr Notizbuch, dann nickte sie den Kindern freundlich zu und ging weiter.

»Aber Tante …« sagte Mathildchen ganz erstaunt.

»Komm nur schnell«, lautete die Antwort, »es ist viel zu kalt, um lange stillzustehen, und wir haben noch eine Menge Geschäfte. Nicht wahr, Mathildchen, die Puppe mit dem rosa Kleid gibst du gern dem kleinen Mädchen, und Georg überlässt seine Peitsche dem dicken Jungen mit der Schmutznase, der gerade so groß ist wie er?«

»Ja, Tante, sehr gern!«, riefen die Kinder, »aber sie sind ja nicht mehr da, wir haben sie im Gedränge verloren!«

»Nur Geduld, sie werden sich schon wiederfinden. Da hat uns das unsichtbare Christkind einen Teil seiner Arbeit übertragen, und wir müssen uns eilen, dass wir unsere Sache gut machen. Ihr werdet schon sehen, wie das ist.«

Nun kaufte die Tante noch allerlei hübsche Spielsachen ein, auch einige warme Kleidungsstücke, dann verschiedenes Gebackene, Glaskugeln, Wachskerzchen und zuletzt ein kleines Bäumchen, das Mathildchen zu ihrer höchsten Freude eigenhändig nach Hause tragen durfte. Das kleine Volk verging fast vor Neugierde, was es mit all den Dingen geben sollte, die Tante sagte aber nur: »Wartet bis heute Abend!«

Der Abend kam und mit ihm die trauliche Erzählerstunde. Die Kinder saßen eng an die Tante gedrückt, und Georg seufzte so recht aus Herzensgrund: »Ach, jetzt brauchen wir nur noch einmal zu schlafen« – »und dann ist das liebe Christkindchen da!«, fuhr Mathildchen fort und klatschte dabei jubelnd in die Hände. »Aber Tante, was erzählst du uns denn heute?«

»Heute erzähle ich euch eine Geschichte vom Weihnachtsmarkt, die ist noch viel schöner, als die unsrige werden wird; hört mir recht aufmerksam zu:

Vor vielen, vielen Jahren, als ihr noch lange nicht auf

der Welt waret, ist der Weihnachtsmarkt schon ebenso schön gewesen wie heute, und alle Kinder der Stadt, die armen wie die reichen, gingen hin, sich die Herrlichkeiten zu betrachten. Das Christkind hatte schon damals die Gewohnheit, sich unbemerkt unter die Menge zu mischen; über sein weißes Kleid hatte es einen langen dunklen Mantel gezogen, und sein Blondköpfchen hielt es unter einer Kapuze versteckt. Niemand konnte es erkennen, und so hörte es, was die Leute miteinander redeten und was sie sich wünschten. Vornehmlich aber merkte es auf die Kinder, ob sie sich bescheiden oder habgierig und unartig auf dem Weihnachtsmarkt benahmen. Gegen Abend kam es an eine Bude, in welcher die schönsten Kinderspielsachen des ganzen Marktes zu finden waren; und sie war ganz umdrängt von Kindern, die voll Sehnsucht und Bewunderung die wundervollen Puppen, die Kochherde, die zierlichen Porzellangeschirre, die Puppenmöbel, sowie die bunt aufgezäumten Pferdchen, die Flinten, Trommeln und Trompeten betrachteten. Eines machte das andere auf immer neue Wunder aufmerksam, und Christkind freute sich an ihrer Freude und lachte fröhlich mit ihnen. Auf einmal sah es ganz am Ende der Bude ein kleines Mädchen von etwa zehn Jahren stehen, das einen schweren, zappelnden Buben auf dem Arm hielt, der fortwährend in die Höhe reichte, sodass die Kleine große Mühe hatte, ihn festzuhalten.

Sie musste sehr arm sein, denn sie hatte ein ganz dünnes Röckchen an, und ihre Arme waren halb entblößt, aber das Haar war ordentlich gekämmt und in zwei feste

Zöpfe geflochten, unter denen ein Paar dunkelblaue Augen gar gutmütig und freundlich hervorschauten. Sie lächelte bald dem Brüderchen zu, bald betrachtete sie die schönen Dinge mit einer Freude, dass man sich selber darüber freuen musste. Christkindchen ging zu dem Mädchen, legte ihm leise die Hand auf die Schulter und sagte mit seiner süßen Stimme: ›Liebes Kind, die Sachen da gefallen dir wohl sehr gut, wähle dir etwas davon aus, was du am liebsten haben möchtest, ich will es dir zum Weihnachtsgeschenke geben.‹

Das Kind ward dunkelrot vor Freude, seine Augen leuchteten, und sein Blick durchlief die bunte Reihe, die vor ihm prangte. Da reichte das Brüderchen wieder jauchzend mit dem Händchen empor. Das Mädchen drückte das Kind an sich, folgte seinem verlangenden Blick und sagte dann schüchtern, indem es die Augen niederschlug: ›Wenn Sie mir wirklich eine Freude machen wollen, so geben Sie meinem Brüderchen die goldglänzende Trompete, die da oben hängt, es möchte sie gar zu gern haben.‹

Dem guten Christkind kamen die Tränen in die Augen, als es das hörte. Das war ein Kind nach seinem Sinn. Es gönnte dem Brüderchen lieber eine Freude als sich selbst. Schnell nahm Christkind die Trompete herunter, reichte sie dem Brüderchen hin, das hellauf lachte, und ging weiter.«

»Da hätte doch das Christkind dem guten Mädchen auch etwas geben können!«, rief Mathildchen eifrig.

»Sei nur ruhig und höre weiter zu: Christkind machte

es noch viel besser. Da es alle Menschen kennt, so wusste es, dass das brave Schwesterchen, welches seinen Bruder so liebhatte, Mariechen hieß, dass seine Eltern sehr arm waren, und dass sie ganz am Ende der Stadt in einem alten kleinen Häuschen wohnten.

Am nächsten Abend war Weihnacht. Schon flammten überall die Christbäume, es jauchzten und lärmten die Kinder, in dem kleinen Häuschen aber war es dunkel und still.

›Wir sind zu arm, wir können das Christkind nicht bestellen‹, sagte die Mutter zu ihren fünf Kindern, als sie beieinandersaßen und eines derselben fragte, ob denn das Christkind nicht auch zu ihnen käme? Dabei weinte sie, und die Kinder taten es auch. Nur der kleine Bruder war vergnügt, der schmetterte laut auf seiner Trompete, und das gute Mariechen, welches das älteste der Geschwister war, weinte auch nicht und sagte: ›Ach, wir sind doch vergnügt, wir haben einander ja so lieb.‹

Auf einmal aber ward es lebendig vor dem kleinen Hause; es klingelte so sonderbar und leise durch die dunkle Nacht, und da kam ja wahrhaftig ein Eselein einhergetrabt, neben dem ging ein dunkler Mann mit einem langen weißen Bart, und auf dem Esel saß ein wunderschöner Engel mit weißen glänzenden Flügeln und einem lichtblauen Gewande, das war wie der Winterhimmel mit flimmernden Sternen ganz übersät. Das konnte ja wohl niemand anders sein als unser liebes Christkind mit seinem getreuen Knecht Nikolaus. Der band das Eselchen an die Türe fest, Christkind stieg ab, machte leise die Türe auf, und Nikolaus trug die schweren Tragkörbe, die er dem Esel abgenommen, in das Haus hinein.

In der Küche stellten sie alles nieder, dann schellte Christkind laut und lange, dass sie drinnen in der Stube alle in die Höhe fuhren und nach der Türe liefen, um zu sehen, was das bedeute. Dass es so kommen würde, hatte sich der Nikolaus schon gedacht; er stand darum vor der Stubentüre und rief, als sie aufging, mit seiner Bärenstimme hinein: ›Es soll niemand herauskommen als das Mariechen!‹

Da flohen alle voll Furcht wieder zurück, und nur Mariechen kam unerschrocken heraus und sagte: ›Da bin ich, was soll ich tun?‹

›Komm in die Küche!‹ brummte der Nikolaus jetzt etwas sanfter, und als sie hineinkam, da war diese ganz erfüllt von dem wunderbarsten Glanze, und Mariechen sah das Christkind leibhaftig vor sich stehen. Nun erschrak es so sehr, dass es fast umgefallen wäre. Christkind aber fasste es in die Arme, küsste es auf die Stirne und sagte: ›Kennst du mich noch?‹ – und als Mariechen erstaunt mit dem Kopfe schüttelte, fuhr es fort: ›Aber ich kenne dich, so wie ich alle guten und braven Kinder kenne. Ich war die Frau, die dir gestern auf dem Weihnachtsmarkt die Trompete für den Bruder gab, weil du ihm lieber eine Freude gönntest als dir selbst, und darum komme ich, um heute auch dir ein Vergnügen zu bereiten. Weil du so gerne gibst, sollst du jetzt deinen lieben Geschwistern und deiner Mutter an meiner Stelle bescheren. Ist dir das recht?‹

Das gute Mariechen schluchzte laut vor Freude: ›O Christkind,‹ rief es, ›so viel verdiene ich ja gar nicht.‹

›Weine jetzt nicht, Mariechen, sondern eile dich, wir müssen wieder fort‹, sagte Christkind, ›gehe hinein in die Stube, und schicke sie alle in die Kammer, damit wir anfangen können.‹

Mariechen wusste nicht, ob es träume oder wache, aber es lief hinein in die Stube und rief zwischen Weinen und Lachen: ›Macht euch schnell alle hinein in die Kammer und guckt ja nicht durchs Schlüsselloch, es kommt etwas sehr Schönes!‹

Die Mutter wollte fragen, aber Mariechen bat sie so herzlich, mit den Geschwistern hineinzugehen, dass sie sich fügte. Dann schloss Mariechen schnell die Türe hinter ihnen zu, lief in die Küche, dann wieder herein und holte auf Christkinds Geheiß ein weißes Tuch aus dem Schrank, das es über den alten schwarzen Tisch breitete. Nun fing der Nikolaus an auszupacken und seine Siebensachen in die Stube zu schleppen. Mitten auf den Tisch stellte er einen Christbaum, der war über die Maßen schön geschmückt und mit Lichtern ganz übersät. Der Baum stand in einem Moosgärtchen, darin weideten weiße flockige Schafe mit goldenen Halsbändern und langen roten Beinen, und ein Schäfer saß auf einem Felsen und blies auf seiner Schalmei, man hörte es aber nicht. Dann wurden um den Baum herum große Herzlebkuchen gelegt, für die Mutter und jedes der Kinder einer. Auf jedem schichtete Christkind ein Häufchen Äpfel, Nüsse und Anisgebacknes auf und legte die Pakete daneben, die Nikolaus ihm reichte. Da war für die Mutter ein warmes Tuch, für Gretchen ein Kleidchen und eine schöne Puppe, für Hans eine Mütze und ein Lesebuch, für Jakob ein Kittel und eine Flinte und für den kleinen Trompeter, der spaßigerweise auch gerade Peterchen hieß, warme Schuhe und Strümpfe und ein Paar wundernette Pferdchen mit roten Zäumen.

Mariechen half auspacken und auflegen und war ganz außer sich vor Freude. Als sie fertig waren, sagte Christkind: ›Für dich, Mariechen, habe ich nichts, was meinst du dazu?‹ ›Oh, liebes Christkind,‹ rief Mariechen und hob die gefalteten Hände in die Höhe, ›ich bin doch die Glücklichste von allen; du gibst mir das Schönste und Beste, indem ich den andern bescheren und ihre Freude sehen darf.‹

›Recht so, meine Kleine‹, antwortete Christkind und küsste Mariechen wieder auf die Stirne, ›bleibe so gut und liebevoll, und es wird dir wohlgehen auf der Erde, und alle Menschen werden dich lieben!‹

›Wir müssen fort‹, mahnte Nikolaus, ›wir sind noch lange nicht fertig.‹

›Ich komme schon, alter Brummbär‹, sagte Christkind, breitete seine Flügel auseinander, lächelte Mariechen noch einmal freundlich zu und – fort waren sie. Nur ganz aus der Ferne hörte man noch Eselchens Glöcklein erklingen.

In dem engen Häuschen aber erhob sich jetzt ein Jubeln und Jauchzen, wie es in keinem der reichen stattlichen Häuser froher und herzlicher sein konnte. Auf

Mariechens Ruf waren alle aus der dunklen Kammer herausgestürzt, standen erst einen Augenblick wie versteinert, und dann brach die helle Freude los.

›Ach, was für ein schönes Kleid! – Wie, eine Flinte für mich? Ich schieße euch alle tot: Piff, paff, puff! – Ein Buch, ein Buch! Daraus lese ich euch vor! – Zieh, Gaul, zieh!‹ So ging es wohl eine Viertelstunde lang ohne Aufhören, man wurde fast taub von dem Lärmen.

›Aber Mariechen, du hast ja gar nichts‹, riefen auf einmal die Geschwister, nachdem sie sich an ihren Geschenken und dem strahlenden Christbaum sattgesehen.

Die Mutter, die bis dahin nur bald gelacht, bald geweint hatte, nahm ihr Mariechen in den Arm, küsste und drückte es fest an sich und sagte zu den andern: ›Seht ihr nicht, dass sie das Beste bekommen hat! Weil sie so gerne gibt, durfte sie uns geben, und das ist immer noch zehnmal seliger als nehmen.‹«

Wie nun die Tante schwieg, denn die Geschichte war zu Ende, blieben die Kinder noch ein Weilchen stille sitzen, dann sagte Mathildchen: »Tante, ich möchte die rosa Puppe, welche du mir heute gekauft hast, gerne dem kleinen Mädchen bescheren, das wir heute auf dem Markt gesehen. Wenn wir nur wüssten, wie es heißt und wo es wohnt!«

»Und ich will die Peitsche bescheren!«, rief Georg.

»Wollt ihr gerne?«, sagte die Tante; »nun, das ist schön, da haben wir ja alle drei den nämlichen Gedanken, und ich weiß auch, wie die Kinder heißen und wo sie wohnen. Abend erlaubt euch die Mama, ein Stündchen länger aufzubleiben; da sollt ihr mir eine ganze Weihnachtsbescherung für sie rüsten helfen!«

Georg und Mathildchen klatschten vor Freude in die Hände und liefen geschäftig hin und her, der Tante zu helfen. Erst wurde das Tannenbäumchen hereingebracht, welches sie auf dem Markte gekauft hatten, wurde in ein Moosgärtchen gesteckt, in dem gleichfalls rotbeinige Schafe weideten, und hernach wurde feierlichst die große Tasche herbeigeschleppt, die so viele Schätze verschlungen hatte und die sie nun alle wieder herausgeben musste.

Die Kinder bekamen Nadeln und Faden, damit fädelten sie die Glasperlen ein, dann wickelten sie feinen Draht um die goldenen und silbernen Nüsse und knüpften lange Seidenfäden an die Konfektstücke. Die Tante hing alles auf, befestigte die Kerzchen an dem Baume, und bald stand er fertig geschmückt vor ihnen. Dann wurden die Spielsachen und Kleidungsstücke, welche die Tante besorgt hatte, herbeigeholt, für jedes Kind wurde ein Päckchen gemacht und sein Name daraufgeschrieben. Dass die rosa Puppe und die Peitsche mit dabei waren, versteht sich von selbst.

Sie waren kaum fertig, als es anklopfte und eine Frau hereintrat, die gar ärmlich, aber reinlich gekleidet war. Die Tante begrüßte sie freundlich und sagte zu ihr: »Liebe Frau, da haben wir, mein Mathildchen, mein Georg und ich, eine kleine Christbescherung für Ihre Kinder hergerichtet. Nehmen Sie alles mit sich, verstecken Sie es daheim, und morgen Abend, wenn es fünf Uhr schlägt, zünden Sie den Kinderchen den Christbaum an, da brennt er gerade zur selben Zeit mit dem unsrigen.«

Die Frau war überglücklich; sie drückte der Tante die Hand, küsste Georg und Mathildchen und packte dann mit deren Hilfe alles wohl zusammen.

Nun waren aber die Kinder sehr müde sowie die Tante auch. Sie setzte sich mit ihnen noch einen Augenblick auf das Sofa und nahm jedes in einen Arm, da sagte Mathildchen, indem es sein Köpfchen an die Schulter der Tante legte: »Tantchen, ich bin so vergnügt! Ich denke gar nicht mehr daran, dass morgen schon Weihnachten ist, ich meine, es habe mir schon beschert!«

»Ich bin auch vergnügt, mein Goldkind«, antwortete die Tante, »denn das gibt eine Bescherung nach meinem Sinn. Aus den großen allgemeinen Bescherungen, wo die armen Kinder in fremden Häusern und unter den Augen von fremden Leuten in einen Saal mit einigen Christbäumen getrieben werden, wo sie sich kaum umzusehen, noch weniger sich laut zu freuen wagen, und dann, wenn sie heimkommen, ihr dunkles Stübchen noch dunkler finden, mache ich mir im Grunde nicht viel. Wenn ich ein König wäre, müsste am Weihnachtsabend in jedem Häuschen, wo Kinder sind, ein Christbaum brennen, und wäre er auch nicht größer als meine Hand!«

Die Tante sagte das eigentlich nur für sich, denn die Kinder hätten es doch nicht verstanden und waren auch schon halb eingeschlafen.

Als es aber wieder Abend ward, da brauchte die Tante nichts mehr zu erzählen, denn da war der Heilige Christ selber gekommen und hatte alle Wünsche, Träume und Hoffnungen in glückselige Wirklichkeit verwandelt. Georg und Mathildchen waren außer sich vor Freude, sie wussten kaum, was sie zuerst und am meisten bewundern sollten. Mathildchen stand vor einer herrlichen Puppenküche und war bereits in voller Tätigkeit, einen Kuchen zusammenzurühren, da rief sie plötzlich aus ihrem Jubel heraus: »Ach Tante, eben denke ich dran! Jetzt ist es auch hell bei den armen Kindern und beschert es bei ihnen. Das ist doch noch das Allerschönste!«

»Ja, das Allerschönste!« wiederholte der Georg von seinem neuen Schaukelpferde aus.

23.
Dezember

Nussknacker und Mausekönig

E.T.A. Hoffmann

Am vierundzwanzigsten Dezember durften die Kinder des Medizinalrats Stahlbaum den ganzen Tag über durchaus nicht in die Mittelstube hinein, viel weniger in das daran stoßende Prunkzimmer. In einem Winkel des Hinterstübchens zusammengekauert, saßen Fritz und Marie, die tiefe Abenddämmerung war eingebrochen, und es wurde ihnen recht schaurig zumute, als man, wie es gewöhnlich an dem Tag geschah, kein Licht herein brachte. Fritz entdeckte ganz insgeheim wispernd der jüngeren Schwester (sie war eben erst sieben Jahre alt geworden), wie er schon seit frühmorgens es habe in den verschlossenen Stuben rauschen und rasseln und leise pochen hören. Auch sei nicht längst ein kleiner dunkler Mann mit einem großen Kasten unter dem Arm über den Flur geschlichen, er wisse aber wohl, dass es niemand anders gewesen als Pate Droßelmeier. Da schlug Marie die kleinen Händchen vor Freude zusammen und rief: »Ach, was wird nur Pate Droßelmeier für uns Schönes gemacht haben.«

Der Obergerichtsrat Droßelmeier war gar kein hübscher Mann, nur klein und mager, hatte viel Runzeln im Gesicht, statt des rechten Auges ein großes schwarzes Pflaster und auch gar keine Haare, weshalb er eine sehr schöne weiße Perücke trug, die war aber von Glas und ein künstliches Stück Arbeit. Überhaupt war der Pate selbst auch ein sehr künstlicher Mann, der sich sogar auf Uhren verstand und selbst welche machen konnte. Wenn daher eine von den schönen Uhren in Stahlbaums Haus krank war und nicht singen konnte, dann kam Pate Droßelmeier, nahm die Glasperücke ab, zog sein gelbes Röckchen aus, band eine blaue Schürze um und stach mit spitzigen Instrumenten in die Uhr hinein, sodass es der kleinen Marie ordentlich wehtat, aber es verursachte der Uhr gar keinen Schaden, sondern sie wurde vielmehr wieder lebendig und fing gleich an recht lustig zu schnurren, zu schlagen und zu singen, worüber denn alles große Freude hatte. Immer trug er, wenn er kam, was Hübsches für die Kinder in der Tasche, bald ein Männlein, das die Augen verdrehte und Komplimente machte, welches komisch anzusehen war, bald eine Dose, aus der ein Vögelchen heraushüpfte, bald was anderes. Aber zu Weihnachten, da hatte er immer ein schönes künstliches Werk verfertigt, das ihm viel Mühe gekostet, weshalb es auch, nachdem es einbeschert worden, sehr sorglich von den Eltern aufbewahrt wurde.

»Ach, was wird nur Pate Droßelmeier für uns Schönes gemacht haben«, rief nun Marie; Fritz meinte aber, es könne wohl diesmal nichts anders sein als eine Festung, in der allerlei sehr hübsche Soldaten auf und ab marschierten und exerzierten, und dann müssten andere Soldaten kommen, die in die Festung hineinwollten, aber nun schössen die Soldaten von innen tapfer heraus mit Kanonen, dass es tüchtig brauste und knallte. »Nein, nein«, unterbrach Marie den Fritz, »Pate Droßelmeier hat mir von einem schönen Garten erzählt, darin ist ein großer See, auf dem schwimmen sehr herrliche Schwäne mit goldenen Halsbändern herum und singen die hübschesten Lieder. Dann kommt ein kleines Mädchen aus dem Garten an den See und lockt die Schwäne heran und füttert sie mit süßem Marzipan.«

Es war ganz finster geworden. Fritz und Marie, fest aneinandergedrückt, wagten kein Wort mehr zu reden, es war ihnen, als rausche es mit linden Flügeln um sie her und als ließe sich eine ganz ferne, aber sehr herrliche Musik vernehmen. Ein heller Schein streifte an der Wand hin, da wussten die Kinder, dass nun das Christkind auf glänzenden Wolken fortgeflogen zu andern glücklichen Kindern. In dem Augenblick ging es mit silberhellem Ton: »Klingling, klingling«, die Türen sprangen auf, und solch ein Glanz strahlte aus dem großen Zimmer hinein, dass die Kinder mit lautem Ausruf: »Ach! – Ach!« wie erstarrt auf der Schwelle stehen blieben. Aber Papa und Mama traten in die Tür, fassten die Kinder bei der Hand und sprachen: »Kommt doch nur, kommt doch nur, ihr lieben Kinder, und seht, was euch der Heilige Christ beschert hat.«

Welch reich geschmückten Gabentisch erblickten da die Kinder! Mit glänzenden Augen und ganz verstummt blieben sie stehen, und erst nach einer Weile rief Marie mit einem Seufzer: »Ach, wie schön – ach, wie schön«, und Fritz versuchte einige Luftsprünge, die ihm überaus wohl gerieten.

Aber die Kinder mussten auch das ganze Jahr über

besonders artig und fromm gewesen sein, denn nie war ihnen so viel Schönes, Herrliches einbeschert worden als dieses Mal. Der große Tannenbaum in der Mitte trug viele goldene und silberne Äpfel, und wie Knospen und Blüten keimten Zuckermandeln und bunte Bonbons und was es sonst noch für schönes Naschwerk gibt, aus allen Ästen. Als das Schönste an dem Wunderbaum musste aber wohl gerühmt werden, dass in seinen Zweigen hundert kleine Lichter wie Sternlein funkelten und er selbst, in sich hinein- und herausleuchtend, die Kinder freundlich einlud, seine Blüten und Früchte zu pflücken. Um den Baum umher glänzte alles sehr bunt und herrlich – was es da alles für schöne Sachen gab – ja, wer das zu beschreiben vermöchte! Marie erblickte die zierlichsten Puppen, allerlei saubere kleine Gerätschaften, und was vor allem schön anzusehen war, ein seidenes Kleidchen, mit bunten Bändern zierlich geschmückt, hing an einem Gestell so der kleinen Marie vor Augen, dass sie es von allen Seiten betrachten konnte, und das tat sie denn auch, indem sie einmal über das andere ausrief: »Ach, das schöne, ach, das liebe – liebe Kleidchen; und das werde ich – ganz gewiss – das werde ich wirklich anziehen dürfen!« –

Fritz hatte indessen, schon drei- oder viermal um den Tisch herumgaloppierend und -trabend, den neuen Fuchs versucht, den er in der Tat am Tische angezäumt gefunden. Wieder absteigend, meinte er, es sei eine wilde Bestie, das täte aber nichts, er wolle ihn schon kriegen, und musterte die neue Schwadron Husaren, die sehr prächtig in Rot und Gold gekleidet waren, lauter silberne Waffen trugen und auf solchen weiß glänzenden Pferden ritten, dass man beinahe hätte glauben sollen, auch diese seien von purem Silber. Eben wollten die Kinder, etwas ruhiger geworden, über die Bilderbücher her, die aufgeschlagen waren, dass man allerlei sehr schöne Blumen und bunte Menschen, ja auch allerliebste spielende Kinder, so natürlich gemalt, als lebten und sprächen sie wirklich, gleich anschauen konnte. Ja, eben wollten die Kinder über diese wunderbaren Bücher her, als nochmals geklingelt wurde. Sie wussten, dass nun der Pate Droßelmeier einbescheren würde, und liefen nach dem an der Wand stehenden Tisch. Schnell wurde der Schirm, hinter dem er so lange versteckt gewesen, weggenommen. Was erblickten da die Kinder! –

Auf einem grünen, mit bunten Blumen geschmückten Rasenplatz stand ein sehr herrliches Schloss mit vielen Spiegelfenstern und goldenen Türmen. Ein Glockenspiel ließ sich hören, Türen und Fenster gingen auf, und man sah, wie sehr kleine, aber zierliche Herren und Damen mit Federhüten und langen Schleppkleidern in den Sälen herumspazierten. In dem Mittelsaal, der ganz in Feuer zu stehen schien – so viel Lichterchen brannten an silbernen Kronleuchtern –, tanzten Kinder in kurzen Wämschen und Röckchen nach dem Glockenspiel. Ein Herr in einem smaragdenen Mantel sah oft durch ein Fenster, winkte heraus und verschwand wieder, so wie auch Pate Droßelmeier selbst, aber kaum viel höher als Papas Daumen, zuweilen unten an der Tür des Schlosses stand und wieder hinein ging. Fritz hatte mit auf den Tisch gestemmten Armen das schöne Schloss und die tanzenden und spazierenden Figürchen angesehen, dann sprach er: »Pate Droßelmeier! Lass mich mal hineingehen in dein Schloss!« – Der Obergerichtsrat bedeutete ihm, dass das nun ganz und gar nicht anginge. Er hatte auch recht, denn es war töricht von Fritzen, dass er in ein Schloss gehen wollte, welches überhaupt mitsamt seinen goldenen Türmen nicht so hoch war als er selbst. Fritz sah das auch ein. Nach einer Weile, als immerfort auf dieselbe Weise die Herren und Damen hin und her spazierten, die Kinder tanzten, der smaragdene Mann zu demselben Fenster heraus sah, Pate Droßelmeier, vor die Tür trat, da rief Fritz ungeduldig: »Pate Droßelmeier, nun komm mal zu der andern Türe da drüben heraus.« – »Das geht nicht, liebes Fritzchen«, erwiderte der Obergerichtsrat. »Nun, so lass mal«, sprach Fritz weiter, »lass mal den grünen Mann, der so oft herausguckt, mit den andern herumspazieren.« – »Das geht auch nicht«, erwiderte der Obergerichtsrat aufs Neue. »So sollen die Kinder herunterkommen«, rief Fritz, »ich will sie näher besehen.« – »Ei, das geht alles nicht«, sprach der Obergerichtsrat verdrießlich, »wie die Mechanik nun einmal gemacht ist, muss sie bleiben.«

Eigentlich mochte Marie sich deshalb gar nicht von dem Weihnachtstisch trennen, weil sie eben etwas noch nicht Bemerktes entdeckt hatte. Durch das Ausrücken von Fritzens Husaren, die dicht an dem Baum in Parade gehalten, war nämlich ein sehr vortrefflicher kleiner Mann sichtbar geworden, der still und bescheiden dastand, als erwarte er ruhig, wenn die Reihe an ihn kommen werde. Gegen seinen Wuchs wäre freilich vieles einzuwenden gewesen, denn abgesehen davon, dass der etwas lange, starke Oberleib nicht recht zu den kleinen dünnen Beinchen passen wollte, so schien auch der Kopf bei Weitem zu groß. Vieles machte die propre Kleidung gut, welche auf einen Mann von Geschmack und Bildung schließen ließ. Er trug nämlich ein sehr schönes, violett glänzendes Husarenjäckchen mit vielen weißen Schnüren und Knöpfchen, ebensolche Beinkleider und die schönsten Stiefelchen, die jemals an die Füße eines Studenten, ja wohl gar eines Offiziers gekommen sind. Sie saßen an den zierlichen Beinchen so knapp angegossen, als wären sie darauf gemalt. Komisch war es zwar, dass er zu dieser Kleidung sich hinten einen schmalen, unbeholfenen Mantel, der recht aussah wie von Holz, angehängt und ein Bergmannsmützchen aufgesetzt hatte, indessen dachte Marie daran, dass Pate Droßelmeier ja auch einen sehr schlechten Matin umhänge und eine fatale Mütze aufsetze, dabei aber doch ein gar lieber Pate sei. Auch stellte Marie die Betrachtung an, dass Pate Droßelmeier, trüge er sich auch übrigens so zierlich wie der Kleine, doch nicht einmal so hübsch als er aussehen werde.

Indem Marie den netten Mann, den sie auf den ersten Blick liebgewonnen, immer mehr und mehr ansah, da wurde sie erst recht inne, welche Gutmütigkeit auf seinem Gesicht lag. Aus den hellgrünen, etwas zu großen hervorstehenden Augen sprach nichts als Freundschaft und Wohlwollen. Es stand dem Mann gut, dass sich um sein Kinn ein wohlfrisierter Bart von weißer Baumwolle legte, denn umso mehr konnte man das süße Lächeln des hochroten Mundes bemerken. »Ach!«, rief Marie endlich aus, »ach, lieber Vater, wem gehört denn der allerliebste kleine Mann dort am Baum?« – »*Der*«, antwortete der Vater, »der, liebes Kind, soll für euch alle tüchtig arbeiten, er soll euch fein die harten Nüsse aufbeißen, und er gehört Luisen, deiner großen Schwester, ebenso gut, als dir und dem Fritz.« Damit nahm ihn der Vater behutsam vom Tisch, und indem er den hölzernen Mantel in die Höhe hob, sperrte das Männlein den Mund weit, weit auf und zeigte zwei Reihen sehr weißer spitzer Zähnchen. Marie schob auf des Vaters Geheiß eine Nuss hinein, und – knack – hatte sie der Mann zerbissen, dass die Schalen abfielen und Marie den süßen Kern in die Hand bekam.

Nun musste wohl jeder und auch Marie wissen, dass der zierliche kleine Mann aus dem Geschlecht der Nussknacker abstammte und die Profession seiner Vorfahren trieb. Sie jauchzte auf vor Freude, da sprach der Vater: »Da dir, liebe Marie, Freund Nussknacker so sehr gefällt, so sollst du ihn auch besonders hüten und schützen, unerachtet, wie ich gesagt, Luise und Fritz ihn mit ebenso vielem Recht brauchen können als du!« – Marie nahm ihn sogleich in den Arm und ließ ihn Nüsse aufknacken, doch suchte sie die kleinsten aus, damit das Männlein nicht so weit den Mund aufsperren durfte, welches ihm doch im Grunde nicht gut stand. Luise gesellte sich zu ihr, und auch für sie musste Freund Nussknacker seine

Dienste verrichten, welches er gern zu tun schien, da er immerfort sehr freundlich lächelte.

Fritz war unterdessen vom vielen Exerzieren und Reiten müde geworden, und da er so lustig Nüsse knacken hörte, sprang er hin zu den Schwestern und lachte recht von Herzen über den kleinen drolligen Mann, der nun, da Fritz auch Nüsse essen wollte, von Hand zu Hand ging und gar nicht aufhören konnte mit Auf- und Zuschnappen. Fritz schob immer die größten und härtesten Nüsse hinein, aber mit einem Male ging es – krack – krack –, und drei Zähnchen fielen aus des Nussknackers Mund, und sein ganzes Unterkinn war lose und wackelig. – »Ach, mein armer lieber Nussknacker!«, schrie Marie laut und nahm ihn dem Fritz aus den Händen. Sie suchte Nussknackers verlorene Zähnchen zusammen, um das kranke Kinn hatte sie ein hübsches weißes Band, das sie von ihrem Kleidchen abgelöst, gebunden und dann den armen Kleinen, der sehr blass und erschrocken aussah, noch sorgfältiger als vorher in ihr Tuch eingewickelt. So hielt sie ihn wie ein kleines Kind wiegend in den Armen und besah die schönen Bilder des neuen Bilderbuchs, das heute unter den andern vielen Gaben lag. Sie wurde, wie es sonst gar nicht ihre Art war, recht böse, als Pate Droßelmeier so sehr lachte und immerfort fragte, wie sie denn mit solch einem grundhässlichen kleinen Kerl so schöntun könne?

Bei Medizinalrats in der Wohnstube, wenn man zur Türe hinein tritt, gleich links an der breiten Wand, steht ein hoher Glasschrank, in welchem die Kinder all die schönen Sachen, die ihnen jedes Jahr einbeschert worden, aufbewahren.

Im obersten Fach, für Marien und Fritzen unerreichbar, standen des Paten Droßelmeier Kunstwerke, gleich darunter war das Fach für die Bilderbücher, die beiden untersten Fächer durften Marie und Fritz anfüllen, wie sie wollten, jedoch geschah es immer, dass Marie das unterste Fach ihren Puppen zur Wohnung einräumte, Fritz dagegen in dem Fach drüber seine Truppen Kantonierungsquartiere beziehen ließ. So war es auch heute gekommen, denn, indem Fritz seine Husaren oben aufgestellt, hatte Marie unten Mamsell Trudchen beiseitegelegt, die neue, schön geputzte Puppe in das sehr gut möblierte Zimmer hineingesetzt und sich auf Zuckerwerk bei ihr eingeladen. Sehr gut möbliert war das Zimmer, habe ich gesagt, und das ist auch wahr, denn ich weiß nicht, ob du, meine aufmerksame Zuhörerin Marie! ebenso wie die kleine Stahlbaum (es ist dir schon bekannt geworden, dass sie auch Marie heißt), ja! – ich meine, ob du ebenso wie diese ein kleines, schön geblümtes Sofa, mehrere allerliebste Stühlchen, einen niedlichen Teetisch, vor allen Dingen aber ein sehr nettes blankes Bettchen besitzest, worin die schönsten Puppen ausruhen? Alles dieses stand in der Ecke des Schranks, dessen Wände hier sogar mit bunten Bilderchen tapeziert waren, und du kannst dir wohl denken, dass in *diesem* Zimmer die neue Puppe, welche, wie Marie noch denselben Abend erfuhr, Mamsell Klärchen hieß, sich sehr wohl befinden musste.

Es war später Abend geworden, ja Mitternacht im Anzug, und Pate Droßelmeier längst fortgegangen, als die Kinder noch gar nicht wegkommen konnten von dem Glasschrank, so sehr auch die Mutter mahnte, dass sie doch endlich nun zu Bett gehen möchten.

Fritz tat dies denn auch sogleich, doch Marie bat ihre Mutter gar sehr, noch ein Weilchen aufbleiben zu dürfen, und da sie ein frommes und vernünftiges Kind war, schlug die Mutter ihr diese Bitte nicht ab. Die Mutter ging, und so war nun Marie allein in der Stube.

Noch immer hatte sie den kranken Nussknacker, eingewickelt in ihr Taschentuch, auf dem Arm getragen. Jetzt legte sie ihn behutsam auf den Tisch, wickelte leise, leise das Tuch ab und sah nach den Wunden. Nussknacker war sehr bleich, aber dabei lächelte er so sehr wehmütig freundlich, dass es Marien recht durch das Herz ging. »Ach, Nussknackerchen«, sprach sie sehr leise, »sei nur nicht böse, dass Bruder Fritz dir so wehgetan hat, er hat es auch nicht so schlimm gemeint, er ist nur ein bisschen hartherzig geworden durch das wilde Soldatenwesen, aber sonst ein recht guter Junge, das kann ich dich versichern. Nun will ich dich aber auch recht sorglich so lange pflegen, bis du wieder ganz gesund und fröhlich geworden; dir deine Zähnchen recht fest einsetzen, dir die Schultern einrenken, das soll Pate Droßelmeier, der sich auf solche Dinge versteht.«

Kaum aber hatte sie den Namen »Droßelmeier« genannt, da machte Freund Nussknacker ein ganz schiefes Gesicht; aber anscheinend war es nur der Strahl der

Lampe, der Nussknackers Gesicht so entstellt hatte. Die brave Marie wickelte wieder das Taschentuch um das lose Kinn des Nussknackers und legte ihn in ein Puppenbettchen; dann hob sie das Bettchen samt dem darin liegenden Nussknacker in das obere Fach des Glasschranks, direkt neben Fritzens Husaren.

Sie verschloss den Schrank und wollte ins Schlafzimmer, da – horcht auf, Kinder! – da fing es an leise – leise zu wispern und zu flüstern und zu rascheln ringsherum, hinter dem Ofen, hinter den Stühlen, hinter den Schränken. – Die Wanduhr schnurrte dazwischen lauter und lauter, aber sie konnte nicht schlagen. Marie blickte hin, da hatte die große vergoldete Eule, die darauf saß, ihre Flügel herabgesenkt, sodass sie die ganze Uhr überdeckten, und den hässlichen Katzenkopf mit krummem Schnabel weit vorgestreckt. Und stärker schnurrte es mit vernehmlichen Worten: »Uhr, Uhre, Uhre, Uhren, müsst alle nur leise schnurren, leise schnurren. – Mausekönig hat ja wohl ein feines Ohr – purr, purr – pum, pum, singt nur, singt ihm altes Liedlein vor – purr, purr – pum, pum, schlag an, Glöcklein, schlag an, bald ist es um ihn getan!« Und pum, pum ging es ganz dumpf und heiser, zwölf Mal! – Marien fing an sehr zu grauen, und entsetzt wär sie beinahe davongelaufen, als sie Pate Droßelmeier erblickte, der statt der Eule auf der Wanduhr saß und seine gelben Rockschöße von beiden Seiten wie Flügel herabgehängt hatte, aber sie ermannte sich und rief laut und weinerlich: »Pate Droßelmeier, Pate Droßelmeier, was willst du da oben? Komm herunter zu mir und erschrecke mich nicht so, du böser Pate Droßelmeier!« – Aber da ging ein tolles Kichern und Gepfeife los rundumher, und bald trottierte und lief es hinter den Wänden wie mit tausend kleinen Füßchen, und tausend kleine Lichterchen blickten aus den Ritzen der Dielen. Aber nicht Lichterchen waren es, nein! kleine funkelnde Augen, und Marie wurde gewahr, dass überall Mäuse hervorguckten und sich hervorarbeiteten. Bald ging es trott – trott – hopp, hopp in der Stube umher – immer dichtere und dichtere Haufen Mäuse galoppierten hin und her und stellten sich endlich in Reihe und Glied, so wie Fritz seine Soldaten zu stellen pflegte, wenn es zur Schlacht gehen sollte. Das kam nun Marien sehr possierlich vor, und da sie nicht, wie manche andere Kinder, einen natürlichen Abscheu gegen Mäuse hatte, wollte ihr eben alles Grauen vergehen, als es mit einem Mal so entsetzlich und so schneidend zu pfeifen begann, dass es ihr eiskalt über den Rücken lief! – Ach, was erblickte sie jetzt!

Dicht, dicht vor ihren Füßen sprühte es, wie von unterirdischer Gewalt getrieben, Sand und Kalk und zerbröckelte Mauersteine hervor, und sieben Mäuseköpfe mit sieben hell funkelnden Kronen erhoben sich, recht grässlich zischend und pfeifend, aus dem Boden. Bald arbeitete sich auch der Mäusekörper, an dessen Hals die sieben Köpfe angewachsen waren, vollends hervor, und der großen, mit sieben Diademen geschmückten Maus jauchzte in vollem Chorus, dreimal laut aufquiekend, das ganze Heer entgegen, das sich nun auf einmal in Bewegung setzte und hott, hott – trott, trott ging es – ach, geradezu auf den Schrank – geradezu auf Marien los, die noch dicht an der Glastür des Schrankes stand. Vor Angst und Grauen hatte Marien das Herz schon so gepocht, dass sie glaubte, es müsse nun gleich aus der Brust herausspringen, und dann müsste sie sterben; aber nun war es ihr, als stehe ihr das Blut in den Adern still.

Halb ohnmächtig wankte sie zurück, da ging es klirr – klirr – prr, und in Scherben fiel die Glasscheibe des Schranks herab, die sie mit dem Ellbogen eingestoßen. Sie fühlte wohl in dem Augenblick einen recht stechenden Schmerz am linken Arm, aber es war ihr auch plötzlich viel leichter ums Herz, sie hörte kein Quieken und Pfeifen mehr, es war alles ganz still geworden, und obschon sie nicht hinblicken mochte, glaubte sie doch, die Mäuse wären von dem Klirren der Scheibe erschreckt, wieder abgezogen in ihre Löcher.

Aber was war denn das wieder? – Dicht hinter Marien fing es an im Schrank auf seltsame Weise zu rumoren, und ganz feine Stimmchen fingen an: »Aufgewacht – aufgewacht – wollen zur Schlacht – noch diese Nacht – aufgewacht – auf zur Schlacht.« – Und dabei klingelte es mit harmonischen Glöcklein gar hübsch und anmutig! – »Ach, das ist ja mein kleines Glockenspiel«, rief Marie freudig und sprang schnell zur Seite. Da sah sie, wie es im Schrank ganz sonderbar leuchtete und herumwirtschaftete und hantierte. Es waren mehrere Puppen, die durcheinanderliefen und mit den kleinen Armen herumfochten. Mit einem Mal erhob sich jetzt Nussknacker, warf die Decke weit von sich und sprang mit beiden

Füßen zugleich aus dem Bett, indem er laut rief: »Knack – Knack – Knack – dummes Mausepack – dummer toller Schnack – Mausepack – Knack – Knack – Mausepack – Krick und Krack – wahrer Schnack.« Und damit zog er sein kleines Schwert und schwang es in den Lüften und rief: »Ihr meine lieben Vasallen, Freunde und Brüder, wollt ihr mir beistehen im harten Kampf?« Sogleich schrien heftig drei Skaramuzze, ein Pantalon, vier Schornsteinfeger, zwei Zitherspielmänner und ein Tambour: »Ja, Herr – wir hängen Euch an in standhafter Treue – mit Euch ziehen wir in Tod, Sieg und Kampf!« und stürzten sich nach dem begeisterten Nussknacker, der den gefährlichen Sprung wagte, vom oberen Fach herab.

Sowie Nussknacker herabspringt, geht auch das Quieken und Piepen wieder los. Ach! Unter dem großen Tisch halten ja die fatalen Rotten unzähliger Mäuse, und über alle ragt die abscheuliche Maus mit den sieben Köpfen hervor! – Wie wird das nun werden! –

Wild entbrannte nun die Schlacht, Fritzens Tambouren schlugen die Trommeln; die Husaren neben dem Tisch stürzten sich in den Kampf, wild entschlossen, dem armen Nussknacker zur Seite zu stehen. Und Marie: Sie bemerkte auf einmal, dass sie schier von Riesen umgeben war, alles im Zimmer schien viel größer geworden zu sein. Doch es war umgekehrt, sie selbst war so klein geworden wie der Nussknacker, den sie schon gar sehr in ihr Herz geschlossen hatte.

Auch die Mäuse formierten sich zur Schlacht, und unter Trommelwirbel warfen sie sich dem Angriff der feindlichen Reiterei entgegen. Mit ihrer großen Masse überrannten sie die Kavallerie des Gegners; mit ihren spitzen Zähnen wüteten sie fürchterlich unter den Soldaten des Nussknackers. Der aber kämpfte sich verbissen in die feindlichen Reihen durch, bis er den wilden Mausekönig zum Kampf stellen konnte. Der Zweikampf entbrannte: Blutrot geiferte der abscheuliche Mausekönig aus seinen sieben geöffneten Rachen, seine Zähne knirschten, und wie besessen stürzte er sich auf den Nussknacker, um ihm den Garaus zu machen. Doch mutig und entschlossen schwang Nussknacker seinen funkelnden silbernen Säbel und stieß ihn in die Kehlen des grässlichen Mausekönigs. Überwunden lag der nun da und wälzte sich in seinem Blut, und als Siegeszeichen nahm Nussknacker dem toten Ungeheuer seine sieben goldenen Kronen ab und streifte sie sich über den linken Arm. Sogleich war der ganze Spuk vorbei. Alles schien verstoben und verflogen, aber Marie empfand am linken Arm einen stechenden Schmerz und sank ohnmächtig zur Erde nieder.

Als Marie wie aus tiefem Todesschlaf erwachte, lag sie in ihrem Bettchen, und die Sonne schien hell und funkelnd durch die mit Eis belegten Fenster in das Zimmer hinein. Dicht neben ihr saß ein fremder Mann, den sie aber bald für den Chirurgus Wendelstern kannte. Der sprach leise: »Nun ist sie aufgewacht!« Da kam die Mutter herbei und sah sie mit recht ängstlich forschenden Blicken an. »Ach, liebe Mutter«, lispelte die kleine Marie, »sind denn nun die hässlichen Mäuse alle fort, und ist denn der gute Nussknacker gerettet?« – »Sprich nicht solch albernes Zeug, liebe Marie«, erwiderte die Mutter, »was haben die Mäuse mit dem Nussknacker zu tun? Aber du, böses Kind, hast uns allen recht viel Angst und Sorge gemacht. Das kommt davon her, wenn die Kinder eigenwillig sind und den Eltern nicht folgen. Du spieltest gestern bis in die tiefe Nacht hinein mit deinen Puppen. Du wurdest schläfrig, und mag es sein, dass ein hervorspringendes Mäuschen, deren es doch sonst hier nicht gibt, dich erschreckt hat; genug, du stießest mit dem Arm eine Glasscheibe des Schranks ein und schnittest dich so sehr in den Arm, dass Herr Wendelstern, der dir eben die noch in den Wunden steckenden Glasscherbchen herausgenommen hat, meint, du hättest, zerschnitt das Glas eine Ader, einen steifen Arm behalten oder gar verbluten können. Gott sei gedankt, dass ich, um Mitternacht erwachend und dich noch so spät vermissend, aufstand und in die Wohnstube ging. Da lagst du dicht neben dem Glasschrank ohnmächtig auf der Erde und blutetest sehr. Bald wär ich vor Schreck auch ohnmächtig geworden. Da lagst du nun, und um dich her zerstreut erblickte ich viele von Fritzens bleiernen Soldaten und andere Puppen, zerbrochene Devisen, Pfefferkuchenmänner; Nussknacker lag aber auf deinem blutenden Arm und nicht weit von dir dein linker Schuh.« – »Ach, Mütterchen, Mütterchen«, fiel Marie ein, »sehen Sie wohl, das waren ja noch die Spuren von der großen Schlacht zwischen den Puppen und Mäusen, und nur darüber bin ich so sehr erschrocken, als die Mäuse den armen Nussknacker, der die Puppenarmee kommandierte, gefangen nehmen wollten. Da warf ich meinen Schuh unter die Mäuse, und dann weiß ich weiter nicht, was vorgegangen.« Der Chirurgus Wendelstern winkte der Mutter mit den Augen, und diese sprach sehr sanft zu Marien: »Lass es nur gut sein, mein liebes Kind! – beruhige dich, die Mäuse sind alle fort, und Nussknackerchen steht gesund und lustig im Glasschrank.«

Nun trat der Medizinalrat ins Zimmer und sprach lange mit dem Chirurgus Wendelstern; dann fühlte er Mariens Puls, und sie hörte wohl, dass von einem Wundfieber die Rede war. Sie musste im Bett bleiben und Arznei nehmen, und so dauerte es einige Tage, wiewohl sie außer einigem Schmerz am Arm sich eben nicht krank und unbehaglich fühlte. Sie wusste, dass Nussknackerchen den bösen Mausekönig bezwungen hatte, und es kam ihr manchmal wie im Traume vor, dass er ganz vernehmlich, wiewohl mit sehr wehmütiger Stimme sprach: »Marie, teuerste Dame, Ihnen verdanke ich viel, doch noch mehr können Sie für mich tun!« Marie dachte vergebens darüber nach, was das wohl sein könnte, es fiel ihr durchaus nicht ein.

Spielen konnte Marie gar nicht recht wegen des wunden Arms, und wollte sie lesen oder in den Bilderbüchern blättern, so flimmerte es ihr seltsam vor den Augen, und sie musste davon ablassen. So musste ihr nun wohl die Zeit recht herzlich lang werden, und sie konnte kaum die Dämmerung erwarten, weil dann die Mutter sich an ihr Bett setzte und ihr sehr viel Schönes vorlas und erzählte.

Eben hatte die Mutter die vorzügliche Geschichte vom Prinzen Fakardin vollendet, als die Tür aufging und der Pate Droßelmeier mit den Worten hineintrat: »Nun muss ich doch wirklich einmal selbst sehen, wie es mit der kranken und wunden Marie zusteht.« Sowie Marie den Paten Droßelmeier in seinem gelben Röckchen erblickte, kam ihr das Bild jener Nacht, als Nussknacker die Schlacht wider die Mäuse gewann, gar lebendig vor Augen, und unwillkürlich rief sie laut dem Obergerichtsrat entgegen: »O Pate Droßelmeier, du bist recht hässlich gewesen, ich habe dich wohl gesehen, wie du auf der Uhr saßest und sie mit deinen Flügeln bedecktest, dass sie nicht laut schlagen sollte, weil sonst die Mäuse verscheucht worden wären – ich habe es wohl gehört, wie du dem Mause-könig riefest! – Warum kamst du dem Nussknacker, warum kamst du mir nicht zu Hilfe, du hässlicher Pate Droßelmeier, bist du denn nicht allein schuld, dass ich verwundet und krank im Bette liegen muss?« – Die Mut-ter fragte ganz erschrocken: »Was ist dir denn, liebe Ma-rie?« Aber der Pate Droßelmeier schnitt sehr seltsame Gesichter und sprach mit schnarrender, eintöniger Stim-me: »Perpendikel musste schnurren – picken – wollte sich nicht schicken – Uhren – Uhren – Uhrenperpendikel müssen schnurren – leise schnurren – schlagen Glocken laut kling klang – Hink und Honk, und Honk und Hank – Puppenmädel sei nicht bang! – schlagen Glöcklein, ist geschlagen, Mausekönig fortzujagen, kommt die Eul in schnellem Flug – Pak und Pik, und Pik und Puk – Glöck-lein bim bim – Uhren – schnurr schnurr – Perpendikel

müssen schnurren – picken wollte sich nicht schicken –
Schnarr und Schnurr, und Pirr und Purr!«

Marie sah den Paten Droßelmeier starr mit großen
Augen an, weil er ganz anders und noch viel hässlicher
aussah als sonst und mit dem rechten Arm hin und her
schlug, als würd er gleich einer Drahtpuppe gezogen. Es
hätte ihr ordentlich grauen können vor dem Paten, wenn
die Mutter nicht zugegen gewesen wäre und wenn nicht
endlich Fritz, der sich unterdessen hineingeschlichen,
ihn mit lautem Gelächter unterbrochen hätte. »Ei, Pate
Droßelmeier«, rief Fritz, »du bist heute wieder auch gar
zu possierlich, du gebärdest dich ja wie mein Hampelmann, den ich längst hinter den Ofen geworfen.« Die
Mutter blieb sehr ernsthaft und sprach: »Lieber Herr
Obergerichtsrat, das ist ja ein recht seltsamer Spaß, was
meinen Sie denn eigentlich?« – »Mein Himmel«, erwiderte Droßelmeier lachend, »kennen Sie denn nicht
mehr mein hübsches Uhrmacherliedchen? Das pfleg ich
immer zu singen bei solchen Patienten wie Marie.« Damit setzte er sich schnell dicht an Mariens Bette und
sprach: »Sei nur nicht böse, dass ich nicht gleich dem
Mausekönig alle vierzehn Augen ausgehackt, aber es
konnte nicht sein, ich will dir auch stattdessen eine rechte
Freude machen.« Der Obergerichtsrat langte mit diesen
Worten in die Tasche, und was er nun leise, leise hervor-
zog, war – der Nussknacker, dem er sehr geschickt die
verlorenen Zähnchen fest eingesetzt und den lahmen
Kinnbacken eingerenkt hatte. Marie jauchzte laut auf vor
Freude, aber die Mutter sagte lächelnd: »Siehst du nun

wohl, wie gut es Pate Droßelmeier mit deinem Nuss-knacker meint?« – »Du musst es aber doch eingestehen, Marie«, unterbrach der Obergerichtsrat die Medizinal-rätin, »du musst es aber doch eingestehen, dass Nuss-knacker nicht eben zum Besten gewachsen und sein Gesicht nicht eben schön zu nennen ist. Wie solche Hässlichkeit in seine Familie gekommen und vererbt worden ist, das will ich dir wohl erzählen, wenn du es anhören willst. Oder weißt du vielleicht schon die Ge-schichte von der Prinzessin Pirlipat, der Hexe Mauserinks und dem künstlichen Uhrmacher?«

Und als alle begierig darauf waren, die Geschichte zu hören, erzählte Pate Droßelmeier das Märchen von der harten Nuss: Einst hatte der Mausekönig die Prinzessin Pirlipat in ein hässliches Gnomwesen verwandelt; nur wenn sie den süßen Kern der Nuss Krakatuk esse, könne sie ihre ursprüngliche Gestalt zurückbekommen. Und noch eine Bedingung war gestellt: Ein junger Mann, der sich noch nie rasiert und noch keine Stiefel getragen hatte, musste die überaus harte Nuss knacken. Nach einer langen Suche fand nun der königliche Hofuhrmeis-ter in Nürnberg die goldene Nuss, und sein Neffe, er hieß Droßelmeier, war der geeignete Jüngling, der die Bedin-gungen erfüllte, die gestellt waren, um die Prinzessin zu retten. So fand die Prinzessin dank des jungen Droßel-meier ihre frühere Gestalt wieder. Doch sie weigerte sich, ihren Retter zu heiraten; den nämlich hatte inzwi-schen die böse Frau Mauserinks in einen hässlichen Krüppel verwandelt. So weit das Märchen des Paten.

Als der Obergerichtsrat geendet hatte, merkte Marie bald, dass der königliche Hofuhrmeister in Wirklichkeit ihr Pate Droßelmeier und dass der junge Mann ihr Nussknacker und der Neffe von Pate Droßelmeier war. Da war Marie gerührt und erklärte, sie hätte an der Stelle der Prinzessin den Retter geheiratet, und wenn er noch so missgestaltet gewesen sei. Und siehe, dadurch sollte der Bann, der auf dem Nussknacker lag, gelöst werden und das Märchen von der harten Nuss doch noch ein glückliches Ende finden.

Einige Zeit war nun schon ins Land gestrichen, da begab es sich, dass der Obergerichtsrat einmal eine Uhr in dem Haus des Medizinalrates reparierte, Marie saß am Glasschrank und schaute, in ihre Träume vertieft, den Nussknacker an, da fuhr es ihr wie unwillkürlich heraus: »Ach, lieber Herr Droßelmeier, wenn Sie doch nur wirklich lebten, ich würd's nicht so machen wie Prinzessin Pirlipat und Sie verschmähen, weil Sie um meinetwillen aufgehört haben, ein hübscher junger Mann zu sein!« In dem Augenblick schrie der Obergerichtsrat: »Hei, hei – toller Schnack.« – Aber in dem Augenblick geschah auch ein solcher Knall und Ruck, dass Marie ohnmächtig vom Stuhl sank. Als sie wieder erwachte, war die Mutter um sie beschäftigt und sprach: »Aber wie kannst du nur vom Stuhl fallen, ein so großes Mädchen! – Hier ist der Neffe des Herrn Obergerichtsrat aus Nürnberg angekommen – sei hübsch artig!« – Sie blickte auf, der Obergerichtsrat hatte wieder seine Glasperücke aufgesetzt, seinen gelben Rock angezogen und lächelte sehr zufrieden, aber an seiner Hand hielt er einen zwar kleinen, aber sehr wohlgewachsenen jungen Mann. Wie Milch und Blut war sein Gesichtchen, er trug einen herrlichen roten Rock mit Gold, weißseidene Strümpfe und Schuhe, hatte im Jabot ein allerliebstes Blumenbukett, war sehr zierlich frisiert und gepudert, und hinten über den Rücken hing ihm ein ganz vortrefflicher Zopf herab. Der kleine Degen an seiner Seite schien von lauter Juwelen, so blitzte er, und das Hütlein unterm Arm von Seidenflocken gewebt. Welche angenehmen Sitten der junge Mann besaß, bewies er gleich dadurch, dass er Marien eine Menge herrlicher Spielsachen, vorzüglich aber den schönsten Marzipan und dieselben Figuren, welche der Mausekönig zerbissen, dem Fritz aber einen wunderschönen Säbel mitgebracht hatte. Bei Tisch knackte der Artige für die ganze Gesellschaft Nüsse auf, die härtesten widerstanden ihm nicht, mit der rechten Hand steckte er sie in den Mund, mit der linken zog er den Zopf an – Krak – zerfiel die Nuss in Stücke! –

Marie war glutrot geworden, als sie den jungen artigen Mann erblickte, und noch röter wurde sie, als nach Tisch der junge Droßelmeier sie einlud, mit ihm in das Wohnzimmer an den Glasschrank zu gehen. »Spielt nur hübsch miteinander, ihr Kinder, ich habe nun, da alle meine Uhren richtig gehen, nichts dagegen«, rief der Obergerichtsrat. Kaum aber war der junge Droßelmeier mit Marien allein, als er sich auf ein Knie niederließ und also sprach: »O meine allervortrefflichste Demoiselle Stahlbaum, sehn Sie hier zu Ihren Füßen den beglückten

Droßelmeier, dem Sie an dieser Stelle das Leben rette-
ten! – Sie sprachen es gütigst aus, dass Sie mich nicht wie
die garstige Prinzessin Pirlipat verschmähen wollten,
wenn ich Ihretwillen hässlich geworden! – Sogleich hörte ich auf, ein schnöder Nussknacker zu sein, und erhielt
meine vorige nicht unangenehme Gestalt wieder. O
vortreffliche Demoiselle, beglücken Sie mich mit Ihrer
werten Hand, teilen Sie mit mir Reich und Krone, herr-
schen Sie mit mir auf Marzipanschloss, denn dort bin ich
jetzt König!« – Marie hob den Jüngling auf und sprach
leise: »Lieber Herr Droßelmeier! Sie sind ein sanftmüti-
ger, guter Mensch, und da Sie dazu noch ein anmutiges
Land mit sehr hübschen lustigen Leuten regieren, so
nehm ich Sie zum Bräutigam an!«

Hierauf wurde Marie sogleich Droßelmeiers Braut.
Nach Jahresfrist hat er sie, wie man sagt, auf einem goldenen, von silbernen Pferden gezogenen Wagen abgeholt.
Auf der Hochzeit tanzten zweiundzwanzigtausend der
glänzendsten, mit Perlen und Diamanten geschmückten
Figuren, und Marie soll noch zur Stunde Königin eines
Landes sein, in dem man überall funkelnde Weihnachts-
wälder, durchsichtige Marzipanschlösser, kurz, die aller-
herrlichsten, wunderbarsten Dinge erblicken kann, wenn
man nur danach Augen hat.

24.

Dezember

Die Weihnachtsgeschichte
nach Lukas

Evangelium des Lukas 2, 1–20

Es begab sich aber zur der Zeit, dass ein Gebot von dem Kaiser Augustus ausging, dass alle Welt geschätzt würde. Und diese Schätzung war die allererste und geschah zur Zeit, da Quirinius Statthalter in Syrien war. Und jedermann ging, dass er sich schätzen ließe, ein jeder in seine Stadt.

Da machte sich auf auch Josef aus Galiläa, aus der Stadt Nazareth, in das jüdische Land zur Stadt Davids, die da heißt Bethlehem, weil er aus dem Hause und Geschlechte Davids war, damit er sich schätzen ließe mit Maria, seinem vertrauten Weibe; die war schwanger. Und als sie dort waren, kam die Zeit, dass sie gebären sollte. Und sie gebar ihren ersten Sohn und wickelte ihn in Windeln und legte ihn in eine Krippe; denn sie hatten sonst keinen Raum in der Herberge.

Und es waren Hirten in derselben Gegend auf dem Felde bei den Hürden, die hüteten des Nachts ihre Herde. Und der Engel des Herrn trat zu ihnen, und die Klarheit des Herrn leuchtete um sie; und sie fürchteten sich sehr. Und der Engel sprach zu ihnen: Fürchtet euch nicht! Siehe ich verkündige euch große Freude, die allem Volk widerfahren wird; denn euch ist heute der Heiland geboren, welcher ist Christus der Herr, in der Stadt Davids. Und das habt zum Zeichen: ihr werdet finden das Kind in Windeln gewickelt und in einer Krippe liegen. Und alsbald war da bei dem Engel die Menge der himmlischen Heerscharen, die lobten Gott und sprachen:

Ehre sei Gott in der Höhe
und Friede auf Erden
bei den Menschen seines Wohlgefallens.

Und als die Engel von ihnen in den Himmel fuhren, sprachen die Hirten untereinander: Lasst uns nun gehen nach Bethlehem und die Geschichte sehen, die da geschehen ist, die uns der Herr kundgetan hat. Und sie kamen eilend und fanden beide, Maria und Josef, dazu das Kind in einer Krippe liegen. Als sie es aber gesehen hatten, breiteten sie das Wort aus, das zu ihnen von diesem Kinde gesagt war. Und alle, vor die es kam, wunderten sich über das, was die Hirten gesagt hatten. Maria aber behielt alle diese Worte und bewegte sie in ihrem Herzen. Und die Hirten kehrten wieder um, priesen und lobten Gott für alles, was sie gehört und gesehen hatten, wie denn zu ihnen gesagt war.

Quellenverzeichnis

Das Kätzchen von Dovre

Aus: P.C. Asbjörnsen und Jörgen Moe, Nordische Volks- und Hausmärchen, München 1909.

Das Ulta-Mädchen

Aus: J.C. Poëstion, Lappländische Märchen, Volkssagen, Rätsel und Sprichwörter, Wien 1886.

Das Weihnachtsland

Heinrich Seidel, aus: Ders., Wintermärchen, Stuttgart / Leipzig 1890.

Der allererste Weihnachtsbaum

Hermann Löns, aus: Ders., Sämtliche Werke in acht Bänden. Erster Band. Herausgegeben von Friedrich Castelle, Leipzig 1925.

Der glückliche Prinz

Oscar Wilde, aus: Ders., Werke in zwei Bänden. Hrsg. und eingeleitet von Arnold Zweig, Berlin 1930.

Der Schnee

Sophie Reinheimer, aus: Dies., Von Sonne, Regen, Schnee und Wind – und anderen guten Freunden, Berlin 1928.

Der Schneemann

Manfred Kyber, aus: Ders., Schloß Elmenor und andere Märchen, Reinbek 1983.

Die Alfkönigin

Aus: Age Avenstrup und Elisabeth Treitel, Isländische Märchen und Volkssagen, Berlin 1919.

Die Geschichte vom Weihnachtsmarkt
Luise Büchner, aus: Dies., Weihnachtsmärchen aus Darmstadt und
dem Odenwald, Darmstadt 1980.

Die Hexe La Befana
Italienische Märchenlegende.
(Aus alten Quellen nacherzählt von Erich Ackermann.)

Die Legende von der Christrose
Selma Lagerlöf, aus: Dies., Ein Stück Lebensgeschichte und andere
Erzählungen. Aus dem Schwedischen von Marie Franzos,
München 1909.

Die Mär vom Geiger, der drei Herzen hatte
Ernest van der Hallen, aus: Carl Hanns Erkelenz (Hg.), Flämische
Weihnacht, München 1937.

Die Schneekönigin
Hans Christian Andersen, aus: Andersens Märchen. Vollständige
Ausgabe, Köln 2010.

Die Weihnachtsgans Auguste
Friedrich Wolf, aus: Ders., Bummi – Tiergeschichten für große und
kleine Kinder, Berlin 1951.

Die Weihnachtsgeschichte nach Lukas
Neues Testament, Evangelium des Lukas 2, 1–20.

Frau Holle
Jacob und Wilhelm Grimm, aus: Brüder Grimm, Kinder- und Hausmärchen, Kinderlegenden, Ausgabe letzter Hand 1857.

Hänsel und Gretel
Ludwig Bechstein, aus: Ders., Sämtliche Märchen, München 1965.

In Hülle und Fülle

Aus: S. Grundtvig, Volksmärchen der Dänen, Berlin 1924.

Lüttenweihnacht

Hans Fallada, aus: Ders., Hoppelpoppel – wo bist du? Kinder-
geschichten, Leipzig 1936.

Nikolaus der Wundertäter

Aus: Löwis von Menar, Russische Volksmärchen, Jena 1927.

Nussknacker und Mausekönig

E.T.A. Hoffmann, aus: Kinder-Märchen von C. W. Contessa, F. de la
Motte Fouqué und E.T.A. Hoffmann, Berlin 1810. (Gekürzt)

Weihnachten in der Speisekammer

Paula Dehmel, aus: Dies., Das grüne Haus. Märchen, Geschichten
und ein Neujahrsspiel, Köln 1907.

Weihnachtsmärchen vom Tannenbäumchen Waldgrüne

Heinrich Pröhle, aus: Ders, Kinder- und Volksmärchen, Leipzig 1853.

Wie es zwei frechen Teufelchen zu Weihnachten erging

Maria Czygan, aus: Dies., Märchen von Tieren und Leuten, dummen
und gescheiten, Reutlingen 1911.